子ども・家庭・子育て支援論

大塚良一

米山岳廣【編著】

文化書房博文社

はしがき

　保育を取り巻く社会情勢の変化、保育所保育指針の改定等を踏まえ、より実践力のある保育士揺曳に向けて保育士養成課程のカリキュラムが改正され、2019 年度より適用されることになりました。

　この改正により保育学の体系化がより進んだように思われます。伝統的な保育技術とされていた音楽や造形等の「保育の表現技術」がなくなり、「保育内容の理解と方法」に変わったことが象徴的な出来事に思えてなりません。技術・技能から子どもの生活や遊びを重視する保育の視点を強調した結果ではないかと考えています。

　さらに、保育学が他の学問と同じように原論・概論・歴史・各論・方法論・関連科目といったように体系化されることを期待しています。

　保育学の対象は子どもと家庭（家族）であることが明確になりました。本書は「子ども家庭支援論」と「子育て支援論」を統合するような形で企画されたものであり、基礎知識から具体的な支援・実践までを展望できるような内容になっています。実践力のある保育士養成に寄与することができれば幸いです。

　最後に、出版にあたりコロナ禍の中でいろいろとお世話いただいた文化書房博文社編集部岡野洋士氏に謝意を表したい。

　2022 年秋

編著者代表　米山　岳廣

目　　次

第1章　子ども家庭支援の意義

1．家庭・家族とは

　私たちにとって、家族とか家庭はあまりにも身近すぎて、その存在や定義について考えることは少ない。本章では、現代の「家族」や「家庭」について確認し、その支援の意義について学ぶものであり、普段、考えることの少ない身近な存在である家族・家庭について、保育士としてその支援に何が必要なのかを再認識するものである。

　さて、家族とは、夫婦や子ども、祖父母や孫などの親族が住居を共にし、生活を行っていることをいい、主に、夫婦とその血縁関係を中心に構成される共同生活の単位となる集団のことである。現在では、血縁関係のないつながりについても夫婦、家族の一形態としている。また、家庭とは、家族の中で生活を共にする者が形成する小さな集団のことであり、その集団が生活をする場所のことをいう。さらに、世帯とは生計を共にしていることが基本となる。

　家庭には生活をする場とともに、いくつかの役割や機能がある。アメリカの社会学者ウィリアム・オグバーンとクラーク・ティビツは、1934年に家庭が持つ基本的な機能として、次の6つの機能を強調している。それは、①子どもを生むこと、②保護監督、③社会性を身につけさせること、④性的行為の調整、⑤愛情を注ぎ寄り添うこと、⑥社会的な拠点の確保、である[1]。このように、その機能の一番に子どもを生むこと、次に保護監督が挙げられているのは、次世代を生み育てる場所としての家庭の役割が最優先されている。

　では、現代の家庭に対する意識はどのようなものなのか、2018（平成30）年に内閣府が行った「国民生活に関する世論調査」では、家庭の役割として、

「家族の団らんの場」を挙げた者の割合が64.9％、「休息・やすらぎの場」を挙げた者の割合が64.4％と高く、以下、「家族の絆（きずな）を強める場」（54.3％）、「親子が共に成長する場」（39.3％）などの順となっている[2]。家庭に対する意識では、次世代を生み育てる場所というより、家族が癒せる場所を家庭に求めていることが分かる。

　家庭の変化には、子どもの数が大きく影響してくる。戦後の復興期には、第一次ベビーブームが1947（昭和22）年から1949（昭和24）年にあり、年間出生数が約270万人になっていた。また、その世代が出産した第二次ベビーブームといわれる1971（昭和46）年から1974（昭和49）年も年間出生数約200万人であり、2つの人口の膨らみがあった。しかし、1984（昭和59）年には出生児数150万人を割り込み、2019（令和元）年には86万4千人になっている。

　日本の人口動態については、表1-1のとおりである。人口については減少する傾向にあり、反面、核家族化進行や単身世帯の増加により世帯数は増加している。さらに、世帯人員数については2019（平成31）年では2.18人と大きく減少している。

表1-1　人口動態

	2019年	2005年
日本の総人口	12,744（万人）	12,776（万人）
世帯数	5,852万7千世帯	5,038万5千世帯
世帯人員数	2.18人	2.68人
出生数	864,000人	1,062,530人
死亡	1,376,000人	1,083,796人
婚姻	583,000人	714,265人
離婚	210,000人	261,917人
合計特殊出生率	1.42（2018年）	1.26

出所：総務省自治行政局住民制度課「住民基本台帳に基づく人口、人口動態及び世帯数のポイント（平成31年1月1日現在）」、厚生労働省「令和元年（2019）人口動態統計の年間推計」から作成。

2．家庭と家族の変容

　地域社会の変容の原因として、まず、産業別就業者の変化（表 1-2 参照）に伴う家族成員の減少が挙げられる。農業を中心とした社会から製造業、鉱業・建設業の第二次産業、サービス業の第三次産業への転換がなされた。1961（昭和 36）年には第一次産業である農林魚業が 29％であったが、2019（平成 31）年には 3.3％まで減少してきた。世帯数は 1953（昭和 28）年では1,718 万世帯（平均世帯人員 5 人）であったが、2019（令和元）年では5,852 万 7 千世帯（平均世帯人員 2.18 人）になっている。

　第一次産業の衰退は、日本の文化を大きく変えるものでもある。明治以来の日本は神道を中心に国家が形成されてきた。その基になっていたのが稲作であり、五穀豊穣を祝う新嘗祭などが全国の神社を中心に行われていた。神道は地縁・血縁などで結ばれた共同体を形成し氏子として、地域の中での祭礼を行っていた。しかし、戦後は国家神道の廃止が命じられ、神社の祭礼に関しても、宗教的要素は徐々に削がれていった。

　また、高度経済成長期、バブル期などの経済成長期では企業の完全雇用が達成されたが、その後、1991（平成 3）年に起こったバブル崩壊による土地や株価などの資産価値の急激な下落や、不良債権問題などの発生により、終身雇用を柱としていた企業がリストラなどの人員削減を行い、人件費も削減されていった。さらに、円高不況、デフレ経済から企業などの海外移転が進み産業の空洞化が進行していった。雇用関係についても、終身雇用制度から労働者派遣が行われ、その事業種が拡大されてきた。1980 年代の日本では、人材派遣は職業安定法で禁止されていたが、1999（平成 11）年、建築、港湾、警備、医療、製造の 5 業種を除き全業種で派遣が可能になった。そのため、世代間の生涯所得格差を広げ、同様に賃金格差についても、「図 1 雇用形態別収入」のように正規職員と非正規職員との間でも生じてきている。さらに、所得金額階

表1-2　産業別就業者の変化

産業	各事業	1961		1982		各事業	2010		2019	
第三次産業	公務		3.3		3.5	公務		3.3		3.6
	サービス業	38.2	12.9	52.3	18.9	サービス業（他に分類されないもの）	66.8	7.3	73.4	6.8
						複合サービス		0.7		0.8
						医療・福祉		10.4		12.5
						教育、学習支援業		4.6		5
						生活関連サービス業、娯楽業		3.8		3.6
						宿泊業、飲食サービス業		6.2		6.2
						学術研究、専門・技術サービス業		3.2		3.6
	卸売・小売業、金融・保険業、不動産産業		19.8		26.6	卸売・小売業、金融・保険業、不動産業		21.3		20
	運輸・通信・電気・ガス・熱供給・水道業		5.5		6.8	運輸・通信・電気・ガス・熱供給・水道業		9.3		9
						分類不能の産業				2.2
第二次産業	製造業	29.4	22.5	34.3	24.5	製造業	24.8	16.8	23.2	15.8
	鉱業・建設業		6.9		9.8	鉱業・建設業		8.0		7.4
第一次産業	農林漁業	29		9.7		農林漁業	4.0		3.3	

出所： 総務省統計局「労働力調査」、厚生労働白書「産業別就業者の変化」から作成。

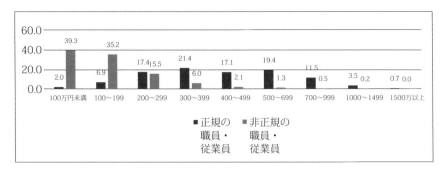

出所：総務省統計局「労働力調査（詳細集計）　2019年（令和元年）平均結果」から作成。

図1-1 雇用形態別収入

級別世帯数の相対度数分布をみると、「100〜200万円未満」及び「200〜300万円未満」が13.7％、「300〜400万円未満」が13.6％と多くなっている。中央値（所得を低いものから高いものへと順に並べて2等分する境界値）は423万円であり、平均所得金額（551万6千円）以下の割合は62.4％となっている[3]。

　このように現代社会では、家庭の構成員である、家族数が減少しており、その原因として第一次産業の衰退により、都市や働き口のある都会への人口流入が挙げられる。また、同様に、家族も核家族し故郷を別に持つ家庭が増加して

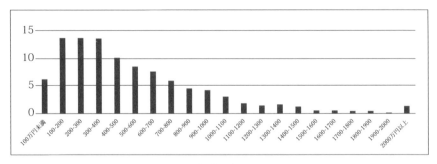

出所：厚生労働省「平成30年　国民生活基礎調査」から作成。

図1-2 所得金額階級別世帯数の相対度数分布

きた。そのような中で、完全雇用制度が崩壊し、非正規職員の増加や単身世帯の増加等により所得格差が生じてきた。

　格差社会については「ジニ係数」でみることができる。ジニ係数とは、税金や社会保障制度を使って低所得層などに所得を再分配した後の世帯所得の格差を示すもので、イタリアの統計学者コッラド・ジニ（Gini.C,1884 年 -1965年）により提唱された。ジニ係数がとる値の範囲は 0 から 1 であり、係数の値が大きいほどその集団における格差は大きい状態にあるとされている。

　厚生労働省政府統括官（社会保障担当）「平成 29 年度所得再分配調査報告書」によると、2005（平成 17）年の調査では当初所得のジニ係数は 0.5263、再分配所得のジニ係数は 0.3873 で再分配による改善度は 26.4％であった。しかし、2017（平成 29）年の調査では当初所得のジニ係数は 0.5594、再分配所得は 0.3721 で再分配による改善度は 33.5％になっている。当初所得の係数の変化をみると、格差社会が大きく浸透していることが分かる。

　なお、母子世帯の平均当初所得は 236.7 万円であったが、再分配所得は285.1 万円、再分配係数は 20.5％、ジニ係数は、当初所得 0.4242 から再分配所得 0.2657 と 37.4％改善しており、その他の世帯の改善度を上回っている。支援の対象になっていることが分かる。

3．子ども家庭支援の意義と必要性

　家庭の変容や家族構成人員の減少、世帯収入の格差等の影響を一番先に受けるのが子どもである。戦後は家族構成員も多く、祖父や祖父母、兄弟姉妹に囲まれて生活をしてきた。しかし、現代では、両親と子のみの世帯が増加している。図 1-3「世帯と構成割合」をみると、核家族世帯は 60.4％となっており、単独世帯も 1,412 万件 5 千世帯、27.7％になっている。また、ひとり親と未婚の子のみ世帯は 363 万 3 千世帯、7.2％になっている。

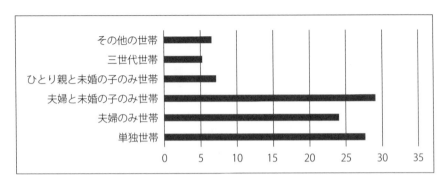

出所：厚生労働省「平成 30 年　国民生活基礎調査」から作成。

図 1-3　世帯と構成割合（%）

　単独世帯や、ひとり親と未婚の子のみ世帯が増え、三世代世帯（2,720 千世帯、5.3%）が減少していくことは、子育てにも大きな影響を与えている。家族の社会的な判断の基準は、世代が限られてしまい、より多くの意見を取り入れる状況がなくなってしまう。三世代世帯なら、子育て経験のある祖父母から当たり前に教えられる子育てについての技術が、学ばなければ得られない状況になってしまう。

　現代社会の家庭の中で、特に、子ども家庭支援が必要となる社会問題について 2 つの点が挙げられる。その一つは家族の子育て機能の脆弱性などからくる「子ども虐待」であり、もう一つは「子どもの貧困」である。

（1）子ども虐待と家庭支援

　虐待が増加しているといわれているが、その判断をどこでしているかというと児童相談所の相談対応件数により行っているところが多い。図 1-4 の児童相談所虐待相談件数では、1999（平成 11）年に虐待相談対応件数は 1 万件を超えた。また、2018（平成 30）年では 15 万 9,850 件になっている。

　虐待の種類としては、2000（平成 12）年 5 月 24 日施行された児童虐待防止法では、児童虐待の定義として第 2 条で、この法律において、「児童虐待」

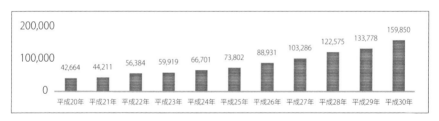

出所：厚生労働省「平成30年度　児童相談所での児童虐待相談対応件数〈速報値〉」から作成。

図1-4　児童相談所虐待相談件数

とは、保護者（親権を行う者、未成年後見人その他の者で、児童を現に監護するものをいう。以下同じ）がその監護する児童（18歳に満たない者をいう。以下同じ）について行う次に掲げる行為をいう。①児童の身体に外傷が生じ、又は生じるおそれのある暴行を加えること。②児童にわいせつな行為をすること又は児童をしてわいせつな行為をさせること。③児童の心身の正常な発達を妨げるような著しい減食又は長時間の放置、保護者以外の同居人による前2号又は次号に掲げる行為と同様の行為の放置その他の保護者としての監護を著しく怠ること。④児童に対する著しい暴言又は著しく拒絶的な対応、児童が同居する家庭における配偶者に対する暴力「配偶者（婚姻の届出をしていないが、事実上婚姻関係と同様の事情にある者を含む）の身体に対する不法な攻撃であって生命又は身体に危害を及ぼすもの及びこれに準ずる心身に有害な影響を及ぼす言動をいう」その他の児童に著しい心理的外傷を与える言動を行うこととし、身体的虐待、性的虐待、ネグレクト、心理的虐待の4つを定義している。

　虐待の内容別では、「心理的虐待」が8万8,389件、身体的虐待が4万256件、ネグレクト（養育の放棄・怠慢）が2万9,474件、性的虐待が1,731件であった。相談経路としては、警察等が7万9,150件と最も多く、近隣知人が2万1,449件、学校等1万1,449件、家族1万1,178件、が続いた。虐待された本人からの相談も1,414件あった[4]。

　このような状況の中で内閣府、子ども・子育て本部統括官等の関係部局から
2019（平成 31）年 2 月 28 日付、「学校、保育所、認定こども園及び認可外
保育施設等から市町村又は児童相談所への定期的な情報提供について」の通知
がだされた。その中に、「学校、保育所、認定こども園及び認可外保育施設等
から市町村又は児童相談所への定期的な情報提供に関する指針」が添付されて
おり、その指針に基づき、適切な運営を図るよう指導している。

　この中の定期的な情報提供の対象となる児童に関しては、児童虐待ケースと
して進行管理台帳に登録されており、学校等に在籍する児童と、児童相談所が
管理している児童ケースであって協議会の対象となっておらず、かつ、学校・
保育所等から通告があったものなど、児童相談所において必要と考える幼児児
童生徒等を対象とするとなっている（注 1）。

　これらの児童に関しては、定期的な情報提供を行うよう、その手続きに関し
て定めている。

　また、同時に緊急時の対応として、「定期的な情報提供の期日より前であっ
ても、学校・保育所等において、不自然な外傷がある、理由不明又は連絡のな
い欠席が続く、対象となる幼児児童生徒等から虐待についての証言が得られ
た、帰宅を嫌がる、家庭環境に変化があったなど、新たな児童虐待の兆候や状
況の変化等を把握したときは、定期的な情報提供の期日を待つことなく、適宜
適切に市町村等に情報提供又は通告をすること」としている。

　このように、児童虐待に対する保育所や保育士の支援は身近なものとなって
おり、子どもたちへの日々の観察や、「子どもの生命を最優先」にする姿勢が
大切となる。

(2) 子どもの貧困と支援

　1970 年代の高度経済成長時代の末期には「一億総中流」という言葉が国民
の意識の中で主流となっていた。これは当時の内閣府による「国民生活に関す

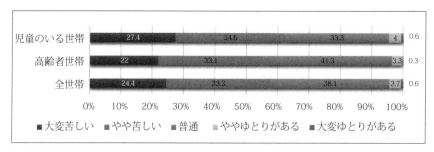

出所：厚生労働省「平成30年　国民生活基礎調査」から作成。

図1-5　各世帯の生活意識

る世論調査」の結果、中流に属する意識している人が9割を占めていたからである。この世論調査は毎年実施されており、2019（令和元）年の「国民生活に関する世論調査」でも同様の結果であり、生活の程度は、世間一般からみて、どうか聞いたところ、「上」と答えた者の割合が1.3％、「中の上」と答えた者の割合が12.8％、「中の中」と答えた者の割合が57.7％、「中の下」と答えた者の割合が22.3％、「下」と答えた者の割合が4.2％となっている。つまり、「中」と答えた人は92.8％になっている。

　しかしながら、2018（平成30）年の「国民生活基礎調査」をみると図1-5「各世帯の生活意識」をみると、全世帯で「大変苦しい」、「やや苦しい」と答えた人が57.7％になっている。

　また、児童のいる世帯では58.7％にもなっている。同調査で、平均所得金額をみると551万6千円で、それ以下の割合が、62.4％になっている。

　貧困の根絶や不平等の是正、持続可能な開発を促進する国連の国連の主要な開発支援機関である国連開発計画（United Nations Development Programme）通称、UNDPでは、貧困を「教育、仕事、食料、保健医療、飲料水、住居、エネルギーなど最も基本的な物・サービスを手に入れられない状態のこと。極度の、あるいは絶対的な貧困とは、生きていくうえで最低限必要な食料さえ確保できず、尊厳ある社会生活を営むことが困難な状態を指す」と定義している[5]。

これを、絶対的貧困としてとらえている。

　また、先進諸国における相対的貧困についても考えられるようになった。相対的貧困とは、ある地域社会の大多数よりも貧しい状態を示しているもので、所得中央値の一定割合（一般的には 50％）を下回るもので、その基準値を貧困線と呼んでいる。2018（平成 30）年「国民生活基礎調査」では、所得の中央値は 253 万円であり、貧困線は 127 万となる。この貧困線以下の相対的貧困の割合は 15.4％であり、児童のいる世帯の貧困率は 13.5％になっている。さらに、子どもがいる現役世帯で、大人が一人家庭の貧困率は 48.1％にもなっている。相対的貧困の半数が、大人が一人親世帯である。

　なお、子どもの貧困の推移は図 1-6 のとおりであり、2012（平成 24）年の調査時は 16.3％で 6 人に一人が貧困の状態になっていた。これを受けて、2013（平成 25）年 6 月「子どもの貧困対策の推進に関する法律」が成立し，翌 2014（平成 26）年の 1 月に施行された。さらに、2015（平成 27）年 8 月に「子供の貧困対策に関する有識者会議」が設置され、2019（令和元）年 11 月に「子供の貧困対策に関する大綱」が閣議決定された。

　この大綱の中で、保育士にかかわることとして、「幼児教育・保育の無償化」

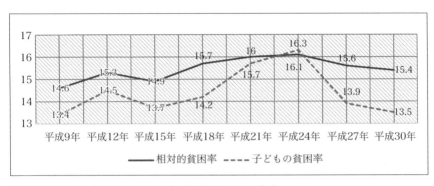

出所：厚生労働省「平成 30 年国民生活基礎調査」から作成。

図 1-6　子どもの貧困「国民生活の基礎調査」の推移

の中に「幼稚園・保育所・認定こども園等の充実は貧困の世代間連鎖を断ち切ることにもつながる。このため、全ての子供が安心して質の高い幼児教育・保育を受けられるよう、令和元年 10 月から開始した幼児教育・保育の無償化を着実に実施する」とある。また、「幼児教育・保育の質の向上」として、「さらに幼稚園教諭・保育士等による専門性を生かした子育て支援の取組を推進するとともに、子育てに悩みや不安を抱える保護者など、地域における保護者に対する家庭教育支援を充実するため、家庭教育支援チーム等による学習機会の提供や情報提供、相談対応、地域の居場所づくり、訪問型家庭教育支援等の取組を推進する」としている。

　民間の活動としては 2012（平成 24）年ごろから「子ども食堂」の運動が開始されている。この運動は、2019（平成 31）年には、全国で 3,718 か所にもなっている⁽⁵⁾。

　このように、子ども虐待や子どもの貧困については、社会問題として捉えることが大切でありしっかりとした運動と対策が必要となってくる。地域福祉の中に、自助、共助、公助の考え方がある。たとえば、子どもの貧困に関して、その地域の住民一人一人が、何ができるかを考えるのが自助であり、子ども食堂のような運動や地域支援に参加し近隣の方々が協力・協働することが共助であり、その中で問題が解決できないものを地方公共団体や国による制度・政策につなげていくことが公助となる。

　現代社会の家庭はともすれば孤立しがちなところがあり、家族のつながりも脆弱なところがある。子ども家庭の危機を捉え、その支援の方法を模索していくのは社会福祉の専門性を持った有資格者が担うところが大きい。保育士もその有資格者のひとりであり、子ども家庭支援の必要性と地域との連携を意識し活動することが必要である。

4．子ども家庭支援の目的と機能

　2019（令和元）年11月に出された「子供の貧困対策に関する大綱」の中に、「指定保育士養成施設における養成課程において、子供の貧困をはじめ、『社会福祉』及び『子ども家庭福祉』について履修することを通じ、子供の貧困に関する保育士の理解を深めるよう努める」とある。保育士の養成については、ともすれば、保育所保育士が中心のように考えられており保育所の任用資格と思われがちである（注2）。保育士資格は2003（平成15）年の児童福祉法の改正により国家資格となった。つまり、国が保育に関しての専門的知識を持っているものと認めた資格である。この中には、保育所という限定された場所での支援ではなく、地域の子育て支援や、家庭支援が含まれているものである。

　特に、子育て支援については、前述のように多くの課題が挙げられており、その中での保育士の持つ役割は大きい。子ども虐待や貧困問題については、社会的に保育士が担うべきものが多い。

　2012（平成24）年に制定された「子ども子育て支援法」では、市町村等の責務として、第3条の1に「子どもの健やかな成長のために適切な環境が等しく確保されるよう、子ども及びその保護者に必要な子ども・子育て支援給付及び地域子ども・子育て支援事業を総合的かつ計画的に行うこと」と明記している。この地域子育て支援事業とは表1-3のとおりであり、13の事業項目からなっている。この市町村の事業が円滑に行われるかは、保育所・保育士の役割が大きいと考える。

　なお、この中で子ども家庭支援の中核となるのが地域子育て支援拠点事業である。この事業は、（1）子育て親子の交流の場の提供と交流の促進、（2）子育て等に関する相談、援助の実施、（3）地域の子育て関連情報の提供、（4）子育て及び子育て支援に関する講習等の実施の4つの基本事業からなっている。その機能としては、常設の地域の子育て拠点を設け、地域の子育て支援機

表1-3　地域子ども・子育て支援事業

事業名	内容
①利用者支援事業	子どもや保護者の身近な場所で、教育・保育施設や地域の子育て支援事業等の利用について情報収集を行うとともに、それらの利用に当たっての相談に応じ、必要な助言を行い、関係機関等との連絡調整等を実施する事業
②地域子育て支援拠点事業	家庭や地域における子育て機能の低下や、子育て中の親の孤独感や負担感の増大等に対応するため、地域の子育て中の親子の交流促進や育児相談等を行う事業
③妊婦健康診査	妊婦の健康の保持及び増進を図るため、妊婦に対する健康診査として、①健康状態の把握、②検査計測、③保健指導を実施するとともに、妊娠期間中の適時に必要に応じた医学的検査を実施する事業
④乳児家庭全戸訪問事業	生後4か月までの乳児のいるすべての家庭を訪問し、子育て支援に関する情報提供や養育環境等の把握を行う事業
⑤養育支援訪問事業	乳児家庭全戸訪問事業などにより把握した、保護者の養育を支援することが特に必要と判断される家庭に対して、保健師・助産師・保育士等が居宅を訪問し、養育に関する相談支援や育児・家事援助などを行う事業
⑤養育支援訪問事業	乳児家庭全戸訪問事業などにより把握した、保護者の養育を支援することが特に必要と判断される家庭に対して、保健師・助産師・保育士等が居宅を訪問し、養育に関する相談支援や育児・家事援助などを行う事業
⑦子育て援助活動支援事業（ファミリー・サポート・センター事業）	乳幼児や小学生等の児童を有する子育て中の労働者や主婦等を会員として、児童の預かり等の援助を受けることを希望する者と当該援助を行うことを希望する者との相互援助活動に関する連絡、調整を行う事業
⑧一時預かり事業【一部新規】	家庭において一時的に保育を受けることが困難になった乳幼児について、保育所、幼稚園その他の場所で一時的に預かり、必要な保護を行う事業
⑨延長保育事業【一部新規】	保育認定を受けた子どもについて、通常の利用日及び利用時間以外の日及び時間において、保育所等で引き続き保育を実施する事業
⑩病児保育事業	病気の児童について、病院・保育所等に付設された専用スペース等において、看護師等が一時的に保育を行う事業
⑪放課後児童健全育成事業（放課後児童クラブ）【一部新規】	保護者が労働等により昼間家庭にいない小学校に就学している児童に対し、授業の終了後等に小学校の余裕教室や児童館等において適切な遊び及び生活の場を与えて、その健全な育成を図る事業
⑫実費徴収に係る補足給付を行う事業【新規】	保護者の世帯所得の状況等を勘案して、特定教育・保育施設等に対して保護者が支払うべき日用品、文房具その他の教育・保育に必要な物品の購入に要する費用又は行事への参加に要する費用等を助成する事業
⑬多様な主体が本制度に参入することを促進するための事業【一部新規】	新規参入事業者に対する相談・助言等巡回支援や、私学助成（幼稚園特別支援教育経費）や障害児保育事業の対象とならない特別な支援が必要な子どもを認定こども園で受け入れるための職員の加配を促進するための事業

出所：内閣府HP「地域子ども・子育て支援事業について」2015年
file:///C:/Users/owner/AppData/Local/Microsoft/Windows/INetCache/IE/P1R0WS8X/s3-1.pdf から作成。

表1-4　地域子育て支援拠点事業の実施状況【実施場所別】

	保育所	認定こども園	幼稚園	公共施設・公民館	児童館	専用施設	空き店舗・商業施設	民家・マンション等	その他・未定	計
全体	2,580	912	32	1,534	1,045	304	299	341	171	7,218
一般形	2,425	865	32	1,511	262	298	297	341	164	6,195
経過措置	102	23	0	12	2	1	1	0	2	147
連携型	53	24	0	11	781	1	1	0	5	876

出所：厚生労働省HP「地域子育て支援拠点事業実施状況　平成30年度実施状況」
file:///C:/Users/owner/AppData/Local/Microsoft/Windows/INetCache/IE/JBW4JOC5/000519569.pdf から作成。

能の充実を図る取組を実施する「一般型」と、児童館等の児童福祉施設等多様な子育て支援に関する施設に親子が集う場を設け、子育て支援のための取組を実施する「連携型」に分かれている。2018（平成 30）年度で、「一般型」が6,555 か所、「連携型」が 876 か所、合計で 7,431 か所になっている。

　また、地域子育て支援拠点事業の実施状況の実施場所をみると表 1-4 のとおりである。保育所が 2,580 か所と全体の 35.7％になっている。つぎに公共施設・公民館が 1,534 か所で全体の 21.2％、児童館が 1,045 か所で全体の14.4％である。

　これらの事業のもとになっているのが、1998（平成 10）年に厚生省（現：厚生労働省）から通知された「特別保育事業の実施について」である。その中に、「地域子育て支援センター事業実施要綱」があり、事業の趣旨として、「地域全体で子育てを支援する基盤の形成を図るため、子育て家庭の支援活動の企画、調整、実施を担当する職員を配置し、子育て家庭等に対する育児不安等についての相談指導及び子育てサークル等への支援並びに地域の保育需要に応じ、地域の各保育所等の間で連携を図り、特別保育事業等を積極的に実施するなど、地域の子育て家庭に対する育児支援を行うことを目的とする」としている。

　また、事業の実施施設指定については、「この事業は、市町村長が事業の活動の中心となる保育所等を指定して実施すること」としている。

　さらに、職員の配置等として、「指定施設には、地域の子育て家庭の支援活動の企画、調整、実施を専門に担当する地域子育て指導者及びその補助的業務を行う子育て指導者を置くものとすること。なお、地域の実情により、指導者及び担当者の 2 名を配置する必要がない場合には、指導者 1 名のみの配置で実施することができること。①指導者は、児童の育児、保育に関する相談指導等について相当の知識及び経験を有する者であって、各種福祉施策についても知識を有している保母等であること。②担当者は、児童の育児、保育に関す

る相談指導等について相当の知識及び経験を有する保母等であること」としている。この通知には保母とあるが、これは現在の保育士のことである。

　この事業については 2000（平成 12）年に改正され、職員配置にしても、「本事業の遂行に支障がない場合は、通常の保育事業に従事しても差し支えないこと。また、施設の実態に応じ、適宜、指導者及び担当者以外の職員の協力を得て事業を実施することは差支えないこと」としている。さらに、事業内容についても当初は、「育児不安等についての相談支援」、「子育てサークルの育成、指導」、「特別保育事業の積極的実施」の 3 項目であったが、「ベビーシッターなど地域の保育資源の情報提供等」、「家庭的保育を行う者への支援」等が加わった。このように、保育士が地域の子育て支援の中心的役割を担うことを想定し、保育士資格が国家資格となったと考えられる。

　さらに、地域子ども・子育て支援事業を総合的に推進するため、2015（平成 27）年に「子ども・子育て支援新制度」をスタートした。この新制度の目的としては、（1）質の高い幼児期の学校教育・保育の総合的な提供、（2）保育の量的拡大・確保、教育・保育の質的改善、（3）地域の子ども・子育て支援の充実を挙げている。特に、この新制度では市町村が、地方版子ども・子育て会議の意見を聴きながら、子ども・子育て支援事業計画を策定し、実施することとし、地方版子ども・子育て会議を設置努力義務とした。

【参考・引用文献】

（1）　Pars Tody「家庭の重要な機能（1）」https://parstoday.com/ja/radio/programs-i8935　2020 年 4 月 30 日閲覧から引用。

（2）　内閣府「世論調査」https://survey.gov-online.go.jp/h30/h30-life/2-3.html。

（3）　厚生労働省「平成 30 年　国民生活基礎調査の概況」から引用。

（4）厚生労働省「平成 30 年度　児童相談所での児童虐待相談対応件数〈速報値〉」

（5）「UNDP ―貧困とは」http://www.undp.or.jp/arborescene/tfop/top.html　2021 年 3 月閲覧から引用。

（6）福田 いずみ「子ども食堂の現状と JA の動向――地域共生社会の実現に向けて ――」一般社団法人 JA 共済総合研究所「共済総研レポート　№ 167」2020 年 3 頁から引用。

注 1）進行管理台帳

　児童福祉法第 25 条 2 第 1 項により、「地方公共団体は、単独で又は共同して、要保護児童の適切な保護又は要支援児童若しくは特定妊婦への適切な支援を図るため、関係機関、関係団体及び児童の福祉に関連する職務に従事する者その他の関係者により構成される要保護児童対策地域協議会を置くように努めなければならない」とされている。その中で、要保護児童対策地域協議会では支援対象とする全てのケースの進行管理台帳の作成及び管理を行うとしている。

注 2）任用資格

　任用とは、特定の公的な職業ないし職位につかせることをいう。任用資格とは、公的な特定の業務を行うために必要な資格のこと。「社会福祉主事」「社会教育主事」などがある。

第2章　子ども家庭支援の基本

　子ども家庭支援の本質的問題に、少子化の問題がある。2019（令和元）年の出生数は86万5234人で、2018（平成30）年の91万8400人より5万3166人減少し、合計特殊出生率は1.36になっている。出生数の年次推移、図2-1をみると、1949（昭和24）年の269万6638人をピークに、1975（昭和50）年以降は減少と増加を繰り返しながら減少傾向が続いており、2015（平成27）年は5年ぶりに増加したが、2016（平成28）年から再び減少している[(1)]。

　少子化の問題は、少子高齢化問題として日本の社会全体が抱える大きな問題となっている。本章では子ども家庭支援の基本として、少子化問題にどのように対応してきたのか、また、その中で保育士にどのような役割が求められてい

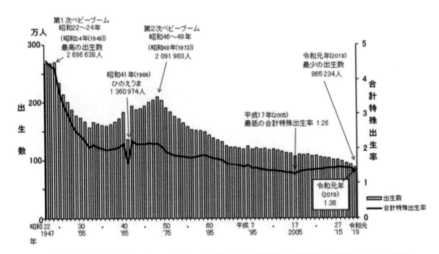

出所：厚生労働省「令和元年（2019）人口動態統計月報年計（概数）の概況」から引用。

図2-1 出生数および合計特殊出生率の年次推移

るのか、さらに、保育士が新たな地域支援にどのように活躍するのかを総合的
に学んでいくものである。

1. 保育の専門性を活かした子ども家庭福祉

　少子化問題にどのように日本は対応してきたのか。表 2-1 の少子化対策の

表 2-1　少子化対策の歩み

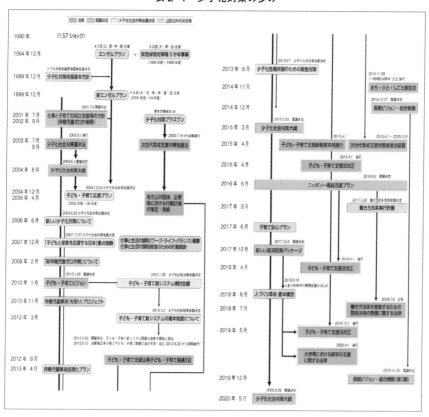

出所：内閣府「少子化対策について　これまでの国の取組」
https://www8.cao.go.jp/shoushi/shoushika/index.html から引用。

歩みにみられるように 1990（平成 2）年の合計特殊出生率 1.57 ショックにより、1994（平成 6）年のエンゼルプランから少子化対策がスタートした。この 1.57 ショックとは丙午（ひのえうま）の年に生まれた女性は気性が激しいという迷信があり、その年は出産が激減するという風潮があった。1966（昭和 41）年が丙午の年であり、合計特殊出生率 1.58 であったが、1990（平成 2）年の合計特殊出生率 1.57 とそれをさらに下回ったことによる。

　しかし、これらの政策が成功したかというと難しいところがある。2019（令和元）年の年間出生数は 86 万 5,234 人であり、「86 万ショック」と呼ぶべき状態になっており、合計特殊出生数も 1.36 である。

表 2-2　子ども・子育て支援新制度の概要

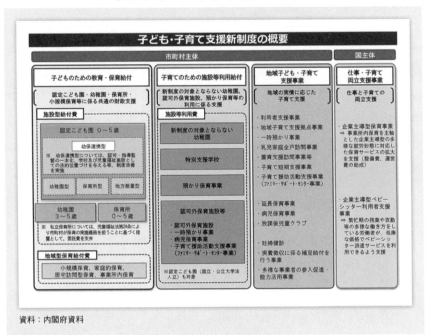

資料：内閣府資料

出所：内閣府「令和 2 年版少子化対策白書」https://www8.cao.go.jp/shoushi/shoushika/whitepaper/measures/w-2020/r02webhonpen/html/b2_s1-1-1.html から引用。

　このような状況を踏まえ近年の子育て支援の状況をみてみよう。2012（平成24）年8月に成立した、子ども・子育て関連3法（こども・子育て支援法、認定こども園法の一部改正法、子ども・子育て支援法及び認定こども園法の一部改正法の施行に伴う関係法律の整備等に関する法律）に基づく子ども・子育て支援新制度が、2015（平成27）年4月から施行された。

　表2-2の「子ども・子育て支援新制度の概要」のとおり、様々な事業があり、保育の受け皿の拡大を意図している。

　保育所保育指針では「地域の保護者等に対する子育て支援」の中で、「保育所は、児童福祉法第48条の4の規定に基づき、その行う保育に支障がない限りにおいて、地域の実情や当該保育所の体制等を踏まえ、地域の保護者等に対して、保育所保育の専門性を生かした子育て支援を積極的に行うよう努めること」としている。また、児童福祉法第18条の4で「この法律で、保育士とは、第18条の18第1項の登録を受け、保育士の名称を用いて、専門的知識及び技術をもつて、児童の保育及び児童の保護者に対する保育に関する指導を行うことを業とする者をいう」としている。つまり、子ども・子育て支援新制度にみられるように、様々な子育て支援に対処できる専門性の確保が必要になっている。

2. 保育者の地域への子育て実践力支援

　2003（平成15）年に少子化社会対策基本法が成立した。その基本的施策の中で、保育サービスの充実として第11条で「国及び地方公共団体は、子どもを養育する者の多様な需要に対応した良質な保育サービス等が提供されるよう、病児保育、低年齢児保育、休日保育、夜間保育、延長保育及び一時保育の充実、放課後児童健全育成事業等の拡充その他の保育等に係る体制の整備並びに保育サービスに係る情報の提供の促進に必要な施策を講ずるとともに、保育

所、幼稚園その他の保育サービスを提供する施設の活用による子育てに関する情報の提供及び相談の実施その他の子育て支援が図られるよう必要な施策を講ずるものとする」としている。

　これを受けて、子ども子育て支援法第 59 条に基づき、地域子ども・子育て支援事業が展開され、子ども・子育て支援新制度として事業として実施されている。（第 1 章 4 子ども家庭支援の目的と意義を参照）

　また、文部科学省でも「家庭教育支援チーム」の登録制度を 2010（平成22）年から実施している。2021（令和 3）年 3 月現在で 343 チームが登録されている。この学校教育支援チームの活動は「身近な地域のニーズに対応し、必要に応じて学校や地域、教育委員会などの行政機関や福祉関係機関と連携しながら、以下の取組を中心とする多様な支援を行い、保護者を見守り支えているとし、具体的には次のような活動を行っている。

①　保護者への学びの場の提供

　・学習機会の提供や情報提供、相談対応。

②　地域の居場所づくり

　・地域資源を活用した親子参加型の体験型プログラムの実施。

　・情報提供や交流の場の提供、相談対応。

③　訪問型家庭教育支援

　・家庭訪問等による個別の情報提供や相談対応。

　構成メンバーとしては、子育て経験者、教員 OB、PTA 関係者、地域の子育てサポーターリーダー、民生委員・児童委員、保健師、保育士、臨床心理士、コミュニティソーシャルワーカー、地域学校協働活動推進員などとなっている。

　さらに、2020（令和 2）年 5 月にだされた「少子化社会対策大綱」では、「これまでも幼児教育・保育の無償化や高等教育の修学支援など、子育て支援を拡充してきたところであるが、引き続き今行っている施策の効果を検証しつつ、こうした希望の実現を阻む隘路の打破に強力に取り組み、個々人の希望の

実現を後押しするとともに、結婚、妊娠・出産、子育てに希望を持つことができる環境づくりに取り組むことで、多くの人が、家族を持つことや、子供を生み育てることの喜びや楽しさを実感できる社会をつくる必要がある」といっている。保育所保育指針の中にも地域の関係機関との連携として、「市町村の支援を得て、地域の関係機関等との積極的な連携及び協働を図るとともに、子育て支援に関する地域の人材と積極的に連携を図るよう努めること」としている。これらのことを取り組むにあたり、保育の持つ専門性を大きく広げていく必要があると考えられる。その一つが 2015（平成 27）年から実施されている「利用者支援事業」である。この事業は目的として、子育て家庭や妊産婦が、教育・保育施設や地域子ども・子育て支援事業、保健・医療・福祉等の関係機関を円滑に利用できるように、身近な場所での相談や情報提供、助言等必要な支援を行うとともに、関係機関との連絡調整、連携・協働の体制づくり等

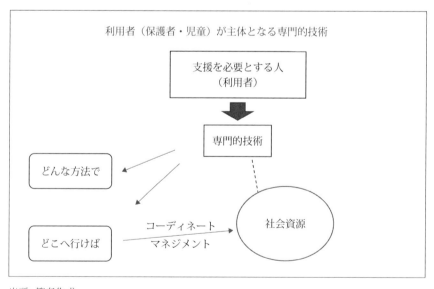

出所：筆者作成。

図 2-2 ニーズに応じた専門的技術の体型

を行うとしている。つまり、教育や保育施設に関する情報提供を行う相談窓口として設置されるものであり、利用者支援と地域連携を柱とする基本型、利用者支援を主に行う特定型、妊産婦などを対象に専門スタッフ（保健師など）が利用者支援と地域連携を行う母子保健型がある。

　この事業を行うスタッフは、子ども・子育て支援に関する事業（地域子育て支援拠点事業など）の一定の実務経験を有する者で、子育て支援員基本研修及び専門研修（地域子育て支援コース）の「利用者支援事業（基本型）」の研修を修了した者等となっており、保育コンシェルジェと呼ばれているところもある。コンシェルジェとは管理人との意味があるが、現在では、利用者にサービスを提供する高い知識や技術を持った人との意味で使用されている。

　保育の専門性についても図2-2のとおり、どんな方法で支援するかという子どもの専門家としての役割とともに、地域の社会資源を理解し、それをコーディネートする力も求められている。社会資源とは、自分以外の人、物、制度、機関等であり利用者ニーズに活用できるすべてのものであると考えらる。

　福祉の分野で、コーディネートの技術を最初に導入したのは2000（平成12）年に創設された介護保険制度からである。それまでの施設福祉では、施設の中での支援方法がケアワーカー等の専門的技術の中心であり社会資源をコーディネートするという考え方自体がなかった。同時に、入所型支援が中心であり地域福祉に関する社会資源も利用者ニーズに合わせて組み合わせるものがなかったといえる。介護保険が導入され、地域生活を望む方に対する支援サービスが拡大され介護支援専門員によるアセスメントに基づくケアマネジメントが体制化させた。アセスメントとは「評価」「査定」としての意味で使われるが、福祉の分野では利用者が何を必要としているかというニーズを分析することをいう。またケアマネジメントとは、アセスメントに基づきニーズを分析し社会資源をコーディネートした支援計画を作成するものである。

　これは、保育の分野でも同様であると考えられる。保護者のニーズは多様化

してきており、反面、1章で確認したように家族機能の低下やサービスの地域格差など個人として対応するのが難しい状況を呈している。保育のコーディネートやケアマネジメントなどの専門的技術が少子化対策や子ども・子育て支援新制度の中で必要となると考えられる。

3. 保育士に求められる基本的態度

　保育所保育指針では、保育所職員に求められる専門性について「子どもの最善の利益を考慮し、人権に配慮した保育を行うためには、職員一人一人の倫理観、人間性並びに保育所職員としての職務及び責任の理解と自覚が基盤となる。各職員は、自己評価に基づく課題等を踏まえ、保育所内外の研修等を通じて、保育士・看護師・調理員・栄養士等、それぞれの職務内容に応じた専門性を高めるため、必要な知識及び技術の修得、維持及び向上に努めなければならない」としている。

　この「子どもの最善の利益を考慮し、人権に配慮した保育」とは何か。子どもの権利条約第3条に「児童に関するすべての措置をとるに当たり，児童の最善の利益が主として考慮される」とあり、これを受けて、児童福祉法第2条でも「全て国民は、児童が良好な環境において生まれ、かつ、社会のあらゆる分野において、児童の年齢及び発達の程度に応じて、その意見が尊重され、その最善の利益が優先して考慮され、心身ともに健やかに育成されるよう努めなければならない」とのことが明記されている。これは「児童の年齢及び発達の程度に応じて、その意見が尊重され」とあるように、支援するものがその主体である子どもの意見を把握し、年齢によっては代弁することが求められている。

　現代社会の中で、子どもの社会問題として捉えられているものの中に子どもの貧困や虐待などがある。それらに対応するには、社会福祉の相談技術の基本であるバイステックの7つの原則を基本的態度として理解することが大切で

ある。7つとは、個別化の原則、意図的な感情表出の原則、統制された情緒的
関与の原則、受容の原則、非審判的態度の原則、利用者の自己決定の原則、秘
密保持の原則である。

　フェリックス・P・バイステック（1912 年‐不明）はイエズス会の司祭で
あり、シカゴにあるロヨラ大学で教鞭をとる [(2)]。この7つの原則について保
育の観点から簡単に触れてみる。

　・個別化の原則（クライエントを個人としてとらえる）

　社会福祉では相談に来る来談者のことをクライエントと呼ぶ。保育の場合の
クライエントは児童・保護者・地域住民などが想定される。個別化の原則とは
クライエントを過去の経験で推論するだけでなく専門的な態度、知識をもって
理解することを基本とする。たとえば、障害のある子どもたちに対して、この
子はこの障害だからこの行動をとってしまうと理解をしてしまうことがある。
しかし、その障害とは何か、支援に対して留意すべき点は何かを専門的な見地
から理解し、その子との共通の時間をとおしてその子の障害を理解し、その子
のペースで動き、その子の抱えている問題を共感することが支援の過程で大切
になる。

　個別化とは一人一人もつ障害の特徴は違い、その違うことを保育士自身が子
どもとのかかわりの中から理解し、その子に応じた配慮をしていくことであ
る。これは、障害を持った子だけでなくすべてのクライエントに対して共通に
対応するべき支援態度でもある。個別化の原則は私たちがもっている偏見や差
別的な態度を自覚し、一人一人の抱えている問題に専門的技術をもって支援に
臨むことである。

　・意図的な感情表出の原則（感情表現を大切にする）

　意図的な感情表出とは、クライエントが相談過程の中で抱えている問題に対
して怒りや悲しみなどの感情を表出させることにより、クライエント自身がそ
の問題解決に対して向き合う姿勢をつくることにある。

　たとえば、保護者が、家庭内で相談できる相手がなく、他の子と比べて自分の子どもが遅れていると思い込み、誰かに相談したいという思いでイライラしていた時に、保育士が適切に相談に応じられたら喜びの感情を表出し、保育士と一緒に考えるという姿勢をつくることができる。しかし、保育士が適切に対応できない場合は、怒りや攻撃、非難という感情を表出するかもしれない。そのような場合でも、その感情を大切にして受けとめ、支援の状態をつくることが大切である。注意をしなければいけない点は、攻撃や非難に対してはその行為に対してなぜ行うかということを理解することは必要であるが、それを助長するような発言をしてはいけないことである。

　・統制された情緒的関与の原則（援助者は自分の感情を自覚して吟味する）

　統制された情緒的関与の原則とはクライエントの感情を理解して支援を行うことであり、支援の目的を意識しながらクライエントの感情に、適切な対応をすることである。言葉の中には、事項、感情、類推の３つが含まれている。コミュニケーションはこの３つのやり取りの中で取り交わされる。たとえば、保育士に保護者が「うちの子は４歳なのにおむつがとれないのですが」という相談があったとする。この言葉の中には、保護者の中にはおむつは早い時期に取れた方がよい、とりたいとの事項と、４歳でおむつが取れないのは不安であるとの落胆に近い感情、さらに、なぜ「おむつをとりたい」との言葉がでてきたのか「分からない」という類推が含まれている。このような時に、事項・類推を先に対応するのではなく、まず、不安・落胆の感情に反応し。それには、保育者の中に生ずる「なんとかしてあげたい」という焦りや、不安の感情を整理することが必要となる。

　・受容の原則（受けとめる）

　受容の原則について、バイステックは「クライエントを受けとめるという態度ないし行動は、ケースワーカーが、クライエントの人間としての尊厳と価値を尊重しながら、彼の健康さと弱さ、また好感の持てる態度と持てない態度、

肯定的感情と否定的感情、あるいは建設的な態度と否定的感情、あるいは建設的な態度および行動と破壊的な態度および行動などを含め、クライエントを現在のありのままの姿で感知し、クライエントの全体にかかわることである[3]」といっている。

　たとえば児童養護施設で実習を体験した学生が、子どもたちの「試し行動」について話してくることがある。食事のときにわざとご飯をこぼす子がいて対応に苦慮したとのことである。そのような時には受けとめてあげることが大切である、と話をするがなかなか理解されない。してはいけない行為については、子どもが理解できるよう丁寧に話し、それ以上そのことについては触れずに、なぜそのような行為をしてしまうのかの背景を考え対応していくことが大切である。この受容の原則は聖書に出てくるアガペーの愛の考え方に似ている。作家の曽野綾子（1931年―）は「『アガペー』は理性と理念に統制されており、それは人間に心から愛せる対象ではなくても、行動において相手を愛しているのと同じ行為をなすことを命じている[4]」といっている。

　なお、受容について、保育所保育指針解説書では、「保育士等には、一人一人の保護者を尊重しつつ、ありのままを受け止める受容的態度が求められる。受容とは、不適切と思われる行動等を無条件に肯定することではなく、そのような行動も保護者を理解する手がかりとする姿勢を保ち、援助を目的として敬意をもってより深く保護者を理解することである」といっている。

　・非審判的態度の原則（クライエントを一方的に非難しない）

　非審判的態度の原則とは、支援の過程においてクライエントが行った行為について明らかにし、クライエントを非難する材料を探すのではなく、どのように支援をしていくかを根底に持ち、クライエントの行動をいろいろな角度から判断するための努力を続けていくことをいう。たとえば、児童養護施設で、小学生が万引きの行為をしたとする。万引き自体は許されるものではなく、その行為自体に対して糾明するのは大切ではあるが、同時に、その背景に何がある

のかを探していく行為をもおろそかにしないことが大切である。施設保育士の支援は裁くことではなく、子ども一人一人の成長を育むことにある。

・自己決定の原則（クライエントの自己決定を促して尊重する）

自己決定の原則とは、クライエントが自らの責任において問題解決を行っていくということであり、支援の基本はクライエントが選択や行使を行うにあたり情報や制度などの社会資源を提供し、クライエント自身の不安や葛藤に対して心理的サポートなどを行うことである。たとえば、保護者の中には精神疾患を持っていて、「私は子育てに関しては自信がないので」という人がいる。保育士は良かれと思い、この言葉から、子どものことについていろいろな助言や支持をしてしまうことがある。しかし、自信がないと言っているだけで、支持や決定をしてくれとは言っていないのである。このように時には、「大丈夫です、一緒に考えていきましょう」という基本的姿勢をもち、その上で、「このような方法がありますがどうしますか」と促していくことが大切になる。

・秘密保持の原則（秘密を保持して信頼関係を醸成する）

秘密保持の原則は専門職としての基本原則である。クライエントは自分の悩みや問題を特定の人にしか打ち明けない。それは自らの抱えている問題や悩みを一緒に解決してくれるだろうと思った時に初めて話してくれる。その問題を、たとえ匿名であってもクライエントがどこかでふれた時に信頼関係は失われる。これは相談支援の専門職としての基本であり、全国保育士会倫理綱領でもプライバシーの保護として「私たちは、一人ひとりのプライバシーを保護するため、保育を通して知り得た個人の情報や秘密を守ります」とある。

4. 家庭の状況に応じた支援

（1） 家庭状況の変化

家庭とは何か。家庭とは夫婦とその血族関係などを中心に構成される集団の

ことであり、そこでは共同生活が行われ、生活の単位でもある。家庭の中での家族の役割としては、これまでは、夫が社会で働き、妻が家事、育児を行うという役割分担が明確であった。しかし、核家族化の進展に伴い、夫婦が協働して家庭をつくりあげていくという考え方がでてきた。その一つが「男女共同参画社会」の考え方である。男女共同参画社会基本法第 2 条では、「男女が、社会の対等な構成員として、自らの意思によって社会のあらゆる分野における活動に参画する機会が確保され、もって男女が均等に政治的、経済的、社会的及び文化的利益を享受することができ、かつ、共に責任を担うべき社会形成する」としている。

　さらに、「ワーク・ライフ・バランス」という考え方がだされた。これは、2007（平成 19）年 7 月、経済界、労働界、地方公共団体の代表者、有識者、関係閣僚等により構成される「仕事と生活の調和推進官民トップ会議」が設置され、このトップ会議において、同年 12 月 18 日、「仕事と生活の調和（ワーク・ライフ・バランス）憲章」と「仕事と生活の調和推進のための行動指針」が策定された。この憲章では、ワーク・ライフ・バランスの定義を「国民一人ひとりがやりがいや充実感を感じながら働き、仕事上の責任を果たすとともに、家庭や地域生活などにおいても、子育て期、中高年期といった人生の各段階に応じて多様な生き方が選択・実現できる社会」としている。特に、子育て世代に大きく影響するのは、出産後の女性の継続就業率と男性の育児への参加である。

　家庭の役割については第 1 章でも述べているが再度確認をしたい。家庭に対して私達は実際にどのような意識を持っているのだろうか。図 2-3 は内閣府がおこなった国民生活調査である。この調査では、家庭は「家族の団らんの場」（64.9％）、「休息・やすらぎの場」（64.4％）、「家族の絆（きずな）を強める」（54.3％）、「親子が共に成長する場」（39.3％）などが上位であった。

　家庭の機能の中心は、子育てであり、子育てを基本として社会にかかわって

いくことが求められていた。しかし、近年では、家庭崩壊、機能不全家族などの言葉に代表されるように、子ども虐待やDV（ドメスティック・バイオレンス）などの家庭内暴力により、子育て機能や教育的機能が失われている家庭も増えてきている。

　さらに、2020（令和2）年4月から親は児童のしつけに際して体罰を加えてはならないとした、改正児童虐待防止に関する法律（児童虐待防止法）と改正児童福祉法が一部を除き適用された。その中で、児童相談所の強化とともに子どもの戒めることを認めた民法上の「懲戒権」も施行後2年をめどにあり方を検討する方向になっている。

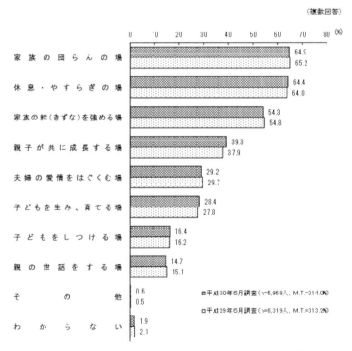

出所：内閣府『国民生活に関する意識調査（平成30年6月調査）』から引用。
https://survey.gov-online.go.jp/h30/h30-life/zh/z23-1.html2021年3月28日閲覧

図2-3 家庭の役割

表2-3　児童虐待防止に関する法律（児童虐待防止法）2020年の改正

改正前	改正後
第14条 児童の親権を行う者は、児童のしつけに際して、その適切な行使に配慮しなければならない。 2　児童の親権を行う者は、児童虐待に係る暴行罪、傷害罪その他の犯罪について、当該児童の親権を行う者であることを理由として、その責めを免れることはない。	第14条 児童の親権を行う者は、児童のしつけに際して、体罰を加えることその他民法（明治二十九年法律第八十九号）第八百二十条の規定による監護及び教育に必要な範囲を超える行為により当該児童を懲戒してはならず、当該児童の親権の適切な行使に配慮しなければならない。 2　児童の親権を行う者は、児童虐待に係る暴行罪、傷害罪その他の犯罪について、当該児童の親権を行う者であることを理由として、その責めを免れることはない。

出所：児童虐待防止法より作成。

　では、この懲戒権とは何か。懲戒権の規定は民法第820条の「親権を行う者は、子の利益のために子の監護及び教育をする権利を有し、義務を負う」受けて第822条で「親権を行う者は、第820条の規定による監護及び教育に必要な範囲内でその子を懲戒することができる」といている。これを一般的に親の懲戒権といっている。2020（令和2）年の児童虐待防止法改正では、表2-3の「親権の行使に関する配慮等」の第14条が改正され、民法改正をどのように行うかを検討しているところである。ただ、同法では、第3条に「何人も、児童に対して、虐待をしてはならない」としているが、その上で、懲戒権についても論議の対象になるほど家庭の機能が危うくなっていると考えられる。

（2）　多様化する子育て家庭への支援

　子育て家庭の支援の対策には大きく2つに分けることができる。一つは少子化対策における子育て支援であり、もう一つは、子育てに困難を抱える家庭への子育て支援である。少子化化対策における子育て支援は、「少子化対策大綱」では、「少子化は個人・地域・企業・国家に至るまで多大な影響。社会経

表 2-4　乳児院養護問題発生理由　　　　　　　　　　n = 3,023

理由	父の死亡	母の死亡	父の行方不明	母の行方不明	父母の離婚	両親の未婚	父母の不和	父の拘禁	母の拘禁
人数	3	14	1	40	43	84	65	10	111
％	0.1	0.5	0.0	1.3	1.4	2.8	2.2	0.3	3.7
理由	父の入院	母の入院	家族の疾病の付添	次子出産	父の就労	母の就労	父の精神疾患等	母の精神疾患等	父の放任・怠だ
人数	2	80	6	7	24	87	6	702	30
％	0.1	2.6	0.2	0.2	0.8	2.9	0.2	23.2	1.0
理由	母の放任・怠だ	父の虐待・酷使	母の虐待・酷使	棄児	養育拒否	破産等の経済的理由	児童の問題による監護困難	その他	不詳
人数	474	121	188	9	162	200	35	501	14
％	15.7	4.0	6.2	0.3	5.4	6.6	1.2	16.6	0.5

出所：厚生労働省『児童養護施設入所児童等調査の概要（平成 30 年 2 月 1 日現在）』から作成。

済の根幹を揺るがす危機的状況」とし、前述の子ども子育て支援新制度を柱に、子育てに対する社会全体の意識を変革させ、核家族化や一人親家庭などの家庭機能を地域支援や公的支援により支えていく取り組みを粘り強く行うことを確認している。

　また、子育てに困難を抱える家庭への子育て支援については、その実態がつかみにくい点が挙げられる。それは、家庭という生活単位の一番小さな世界で起きていることであり、プライバシーや個人情報保護など、他からの介入ができないところにある。しかし、支援になると、その実態を把握し、それぞれの社会資源に繋げていくかというアセスメントとマネジメント視点が必要になる。

　表2-4は乳児院の入所に理由である。これだけの項目に当てはまらない「その他」が16.6％にもなっている。また、両親どちらかの死亡は0.6％であり、一般的に「虐待」とされる「放任・怠だ」「虐待・酷使」「棄児」「養育拒否」を合計すると、32.6％にもなっている。

　また、顕著なのは母親の精神疾患等であり、23.2％にもなっている。この調査は5年ごとに行われており、2013（平成25）年の調査では「虐待」とそ

れるものは27.1%、「母親の精神疾患等」は21.8%であり、いずれも増加している。この精神疾患等という分類の中には核家族化等により「育児の孤立化」を原因とするものも含まれていると考えられる。

　子育てについての不安や悩みについては、厚生労働省が5年に一度、「全国家庭児童調査」を実施している。表2-5は「子育てについての不安や悩みの種類別の相談相手の構成割合」であり、保育園や幼稚園、学校の先生などに相談することについては、「子どもが保育園や幼稚園，学校に行くのを嫌がること」（53.3%）、「子どものいじめに関すること」（40.6%）と多くなっている。前回の調査と大きく差が出たのは「子どものいじめに関すること」であり、前回の調査（平成21年）では34.1%であったが、今回の調査では44.4%にな

表2-5　子育てについての不安や悩みの種類別の相談相手の構成割合（相談相手は3つまで回答）

（単位：％）　　　　　　　　　　　　　　　　　　　　　　　　　　　　　　　　（平成26年）

	総数	①※	②	③	④	⑤	⑥7	⑦	⑧	⑨	⑩
子どものしつけに関すること	100	6.3	23.2	52.1	6.9	75.4	21	16.5	3	2.5	－
子どもの健康に関すること	100	41.5	12.7	34.3	8.4	54.5	13	13	4.9	2.9	－
子どもの勉強や進学に関すること	100	7.5	31.2	37.5	3.1	64.1	41.6	10.4	1.9	3.1	－
子どもの就職に関すること	100	7.9	19.2	30.1	5.2	58.5	44.1	9.2	2.6	6.1	－
子どもの性格や癖に関すること	100	9.5	24.3	45.3	4	71.4	30	11.1	2.4	3	－
子どもの暴力や非行に関すること	100	15.4	28.8	25	3.8	59.6	34.6	9.6	1.9	9.6	－
子どものいじめに関すること	100	9.2	44.4	38.6	2.6	62.7	34	9.8	1.3	5.2	－
子どもの友人に関すること	100	4.7	29.4	43.9	1.9	59.8	41.1	10.7	1.9	5.1	－
子どもの性に関すること	100	7.9	9	39.3	6.7	61.8	22.5	13.5	3.4	10.1	－
子どもが保育園や幼稚園，学校に行くのを嫌がること	100	12	53.3	34.7	8	54.7	37.3	9.3	1.3	6.7	－
子どもの育て方について，自信が持てないこと	100	5.6	16.1	54.8	6	67.3	6.9	18.1	2.4	5.6	－
子どもの事に関して，家族が協力してくれないこと	100	6	13.1	54.8	1.2	33.3	4.8	29.8	4.8	9.5	－
子どもの教育に関する費用のこと	100	6	4.8	25.7	3.9	73.7	6.9	18.1	3.9	7.6	－
家の近所の環境がよくないこと	100	9.2	10.3	41.4	3.4	49.4	10.3	14.9	6.9	19.5	－
その他	100	25	25	33.3	8.3	33.3	16.7	8.3	8.3	16.7	－

※① 専門家や公的機関に相談する（電話も含む）　② 保育園や幼稚園、学校の先生などに相談する　③ 信頼できる身近な人に相談する　④ インターネットの子育てサイトなどに相談する　⑤ 家族の者に相談する　⑥ 子どもと話し合う⑦ 自分で考えて解決する　⑧ その他　⑨ 相談相手はいない　⑩ 不詳
出所：厚生労働省『平成26年度全国家庭児童調査結果の概要』から作成。

っている。

　また、未就学の子どもを抱える親の子育てについての不安や悩みについては、複数回答ではあるが、「子どものしつけに関すること（57.6％）」、「子どもの性格や癖に関すること（52％）」、「子どもの勉強や進学に関すること（31.7％）」、「子どもの教育に関する費用のこと（35.1％）」となっている。

　この調査の中で気になる点は、「子どもの育て方について、自信が持てないこと」との項目である。未就学の親の25.8％（平成21年調査27％）が悩みを持っていることである。つまり、未就学の親の4人に一人は子どもの育て方について、自信が持てないと思っているということになる。

　このような子育てに関する親の悩みに対する支援として、保育所保育指針解説書では「子どもの保護者に対する保育に関する指導とは、保護者が支援を求めている子育ての問題や課題に対して、保護者の気持ちを受け止めつつ行われる、子育てに関する相談、助言、行動見本の提示その他の援助業務の総体を指す。子どもの保育に関する専門性を有する保育士が、各家庭において安定した親子関係が築かれ、保護者の養育力の向上につながることを目指して、保育の専門的知識・技術を背景としながら行うものである」としている。

　また、同解説書では不適切な養育等が疑われる家庭への支援として「保育士等、一人一人の子どもの発達及び内面についての理解と保護者の状況に応じた支援を行うことができるよう、援助に関する知識や技術等が求められる。内容によっては、それらの知識や技術に加えて、ソーシャルワークやカウンセリング等の知識や技術を援用することが有効なケースもある」といっている。

　複雑化している家庭環境に、従来の「どんな方法で直接支援を行うのか」だけでなく、「どこに行けば」のコーディネートの技術が必要となっており、さらにコーディネートを行うに際して社会資源や、他の専門性に対する知識・情報が不可欠となってくる。

　また、支援の過程で必要となるエンパワメント（クライエントが責任ある行

動をとることにより自らの自信を強めていく）の支援技術や、ストレングスモデル（クライエントの得意とする領域をアセスメントに取り入れていく）などの支援技術が求められている

【参考・引用文献】

(1)　厚生労働省「令和元年（2019）人口動態統計月報年計（概数）の概況」から引用。

(2)　E・P・バイステック著　尾崎新・福田俊子・原田和幸訳『ケースワークの原則』2006 年．239 頁。

(3)　前掲 2）p113。

(4)　曽野綾子『あとは野となれ』朝日新聞社 1984 年．213 頁。

(5)　Asia/Tokyo「家庭の重要な機能」2020 年 4 月 30 日付。

(6)　仕事と生活の調和連携推進・評価部会 仕事と生活の調和関係省庁連携推進会議『仕事と生活の調和（ワーク・ライフ・バランス）レポート 2019』2020 年。

第3章　子育て支援活動の展開

1．保育における子育て支援活動の重要性

　近年、子どもを取り巻く社会は大きく変化しつつある中で、保育の場にとっては、様々な課題が取り上げられている。急速な少子高齢化社会や情報社会の進行等の中で、子育て家庭を取り巻く状況も多く変化している。特に、核家族の一般化や地域とのつながりの弱体化によって、かつてあったような地域の中での自然な共同保育が生まれにくくなり、子育て家庭の孤立化が進んでいる。そのため、ごく普通の主婦が子育ての不安や悩み等を抱えやすい時代である。また、その延長線上には、虐待の問題なども深刻化しており、保育の場における家庭との緊密な連携や支援のニーズへの対応が求められる[1]。子育て家庭を社会全体で支える子育て支援は、子どもの最善の利益を保障する上で重要課題となっている。

2．子育て支援の原則と視点

　保育所における保護者に対する子育て支援は、全ての子どもの健やかな育ちを実現することができるよう、子どもの育ちを家庭と連携して支援していくとともに、保護者及び地域が有する子育てを自ら実践する力の向上に資するように次の事項に留意する。それは、①　保育所における保護者に対する子育て支援の原則。②　保護者と連携して子どもの育ちを支える視点、である。

　児童福祉法第18条の4では「この法律で、保育士とは、第18条の18第1項の登録を受け、保育士の名称を用いて、専門的知識及び技術をもって、児

童の保育及び児童の保護者に対する保育に関する相談を行うことを業とする者をいう」と定められる。

　子どもの保護者に対する保育に関する指導とは、保護者が支援を求めている子育ての問題や課題に対して、保護者の気持ちを受け止めつつおこなわれる、子育てに関する相談、助言、行動見本の提示その他の援助業務の総体を指している。専門性を有する保育士が、各家庭において安定した親子関係が築かれ、保護者の養育力の向上につながること目指して行うものである。

　保育所における保護者に対する子育て支援は、子どもの最善の利益を念頭に置きながら、保育と密接に関連して展開されるに特徴がある。

　保護者に対する子育て支援に当たっては、保育士が保護者と連携して子どもの育ちを支える視点をもって、子どもの育ちの姿とその意味を保護者に丁寧に伝え、子どもの育ちを保護者とともに喜び合うことを重視する。保護者自身の主体性、自己決定を尊重することが基本となる。

　子育て支援を行うにあたっては、子どもと保護者との関係、保護者同士の係、子どもや保護者と地域の関係を把握し、それらの関係性を高め、働くかけることが大切である[2]。

　子育て支援の基本は、保育所保育指針では、子育て支援について、①　保育における子育て支援に関する基本的事項。②　保育所を利用している保護者に対する子育て支援、③　地域の保護者等に対する子育て支援、等について整理される。

　この基本的事項では、「保育所の特性を生かした子育て支援」と「子育て支援に対してて留意すべき事項」があげられる。

　保育所の特性を生かした子育て支援では、保護者に対する子育て支援を行う際には、各地域や家族の実態等を踏まえるとともに、保護者の気持ちを受け止め、相互の信頼関係を基本に、保護者の自己決定を基本とすること。

　保育及び子育てに関する知識や技術など、保育士の専門性や子どもか常に存

在する環境など、保育の特性を生かし、保護者が子どもの成長に気づき、子育ての喜びを感じられるように努めること。

　子育て支援に関して留意すべき事項としては、保護者に対する子育て支援における地域の関係機関等との連携及び共働を図り、保育所全体の体制構築に努めること。子どもの利益に反しない限りにおいて、保護者や子どものプライバシーを保護し、知り得た事柄の秘密を保持すること、があげられる。

　保育所を利用している保護者に対する子育て支援は、保護者との総合理解、保護者の状況に配慮した個別支援、不適切な養育等が疑われる家庭への支援等があげられる。

　地域の保護者等に対する子育て支援では、地域に開かれた子育て支援、地域の関係機関等との連携に努めることがあげられる [3]。

　保育所でより効果的に子ども家庭支援を進めるためには、ソーシャルワーク支援の重要性、その機能・役割等の理解とともに、何を対象として大切にすべきかを明確にしておくことが重要となる。子ども家庭支援の対象について、①子どもの育ちへの支援、②親（保護者）の育ちへの支援、③親子の関係への支援、④育む環境の育成、といった 4 つの項目があげられる。これらの対象を視点・考え方等を踏まえた支援展開が望まれる。

　子どもの育ちへの支援は、基本的視点である子ども自身の成長・発達の支援。すなわち子どもの育ちに対する支援を意味する。子どもの活動に対する支援を直接こどもに向けて行うもので、保育所等の日常活動の大半、さらには地域子育て支援における子どもに対して実施する活動もこれに該当する。

　保育所等での活動では、主に保育士が担うが、単なる保育活動に終わらせず、子ども家庭支援を意識した保育活動にするためには、子どもがそれまで歩んできた道筋や、24 時間の生活全体を視野に入れた個別指導計画を立てる必要がある。

　地域子育て支援活動では、保育士が直接担うのみならず、保護者自身、子育

てサークル・子育て支援サークル他、機関等に対する支援的・調整的な立場等も考慮する必要がある。

　親（保護者）の育ちへの支援は、親（保護者）になるため、あるいは一人の社会人としての生活の支援。すなわち親支援を意味する。保育ニーズについて考えた場合、保護者の就労や疾病等「保育を必要とする」と制度的に認定されているもののみならず、心身ともに保護者の生活を豊かにするサービスあるいは経験を共有し合う仲間づくりが課題となる。

　親子の関係の支援は、すなわち子育て・親育てを意味する。親子の信頼及び愛着関係の基礎形成が不安定な中では、保護者としての成熟度はますます低下し、「親になり切れない親」がより多く出現することになる。虐待や放任等、例外的と考えられている状況が、一般の保護者のすぐ側にまで忍び寄っているということである。

　一方で、多くの保護者は、初めから保護者として十分に機能しているというわけではなく「子どもに育てられる」という部分もある。親子関係とは、このように「育て・育てられる（育て合う・育ち合う）」関係であり、親子の関係を「育てる」という視点が必要となる。

　前述の家庭及び地域社会、すなわち「育む」環境の育成を意味する。円滑な親子関係を営むためには、家庭の経済基盤や住宅環境等も重要である。また、家庭自体が地域の一員として認められ、孤立していないことも大切となる。このような事柄は、子ども家庭支援においては直接関係がないように見えるかもしれないが、資源の調整や紹介等においては重要な要素となる[4]。

3．保育における子育て支援活動の展開過程

　本稿では、保育における支援活動の展開過程として、①　子どもと保護者の状況の把握、②　支援計画と環境構成、③　評価とカンファレンス、支援の実

際等について、学習する。

（1）子どもと保護者の状況の把握

　子育て支援にあたって、保育士は保護者に寄り添い、保護者とともに考え、ともに育てる「子育てのパートナー」になることが大切である。信頼関係を築くためには、まず保護者が今どのような状況に置かれ、どのような環境をいだき、どのようにニーズがあるのかといった個別の理解が必要である。その上で、保護者自身が子どもと良好関係を築いていけるよう支援する。

　保育者が子どもと保護者の状況・状態を把握する方法は、ごく普通の日常の保護者とのやり取りの中に存在する。普段の日々のコミュニケーションこそが子どもと保護者を理解するための糸口となる。例えば、送迎時の保護者との関わりは、情報の収集と把握につながる。あいさつや会話などからその日の状況を理解する手がかりとなる。連絡帳などのやり取りで、子どもの家庭での様子や園の状況を伝え合うことも、大切な方法の一つである。また、子どもや保護者の状況によっては、必要に応じて個別面談を実施する場合もある。あるいは、定期的に保護者との面談を計画的に実施する方法もある。いずれも面談等の実施にあたっては、組織として対応し、時期、内容、結果等の報告は、必要である⁽⁵⁾。

1）支援計画と環境構成

　保育において「環境」とは「環境をとおして行う」ことが保育の基本であるといわれるほど重要視されている。子育て支援にとって必要な、「人的環境」「物的環境」「空間的環境」などかあげられる。

　人的環境とは、保育者（保育士、幼稚園教諭、保育教諭）、看護師、栄養士等の保育所施設のスタッフ、地域の関係機関や地域の人々関係する、保護者や子どもなども人的環境として考えられる。

2) 評価とケースカンファレンス

　子育て支援の展開は、様々なきっかけで始まる場合がある。例えば、保育士と保護者との日常的な会話や相談であったり、保育の場面で保育者の気づきであったり、地域住民やの関係機関等からの報告であったりする。まずは、子育て支援活動の展開過程について、整理する。基本的な支援活動の展開について、保育とソーシャルワークから考える。

　『保育所保育指針解説』によると、保育における子育て支援は、保育士が有する専門性に加え、ソーシャルワークの基本的な知識、技術等を理解し援助した上で展開した方がより効果的になる場合がある。と述べられている。ソーシャルワークの展開過程を踏まえ、整理する。①ケースの発見、②インテーク（受理面接）、③アセスメント（事前評価）、④プランニング（支援計画作成）、⑤インターベンション（支援の実施）、⑥モニタリング（中間評価）、⑦エバリュエーション（事後評価）、⑧終結といった展開過程となる。

　保育士は、子育て支援の展開においてソーシャルワークを援用しながら保育の専門職として自らの専門性を十分に発揮し、業務に関わることがもとめられる[6]。

　そして、PDCA サイクルの活用から考える。PDCA は本来、企業組織のマネジメントの考え方であり、事業の永続的な発展を実現するためのものである[7]。PDCA サイクルモデルは、JQA（日本品質保証管理機構）によると、ISO（国際標準化機構）により、組織の品質活動、環境活動を管理するための仕組み、マネジメントシステムを構築するために示されたものである。マネジメントシステムとは、目標を達成するために組織を適切に指導・管理する仕組みてあり、規定や手順、実際の運用のための責任や権限の体系である。その方法は、組織内の課題を設定することを始めとして、「計画・方策（Plan）」を立て、「実施（Do）」する。実施した結果が課題の解決へつながったかを検証し、「見直し・評価・分析（Check）」を行い、実施方法を変更するための「改善

（Action）」を行い、次の活動へとつなげていくことを目指す。つまり、計画・方策（Plan）→実施（Do）→見直し・評価・分析（Check）→改善（Action）という組織活動の繰り返しを「PDCA サイクル」と呼び、これを継続的に回し続け、改善を図っていくことが重要とされる⁽⁸⁾。PDCA サイクルは、支援活動の展開及び社会福祉や保育の現場、その他多くの組織において活用されている。

ソーシャルワーク展開過程のポイントを整理する。

① ケースの発見（問題把握）

支援につながる入口の段階であり、保護者が自身や家庭内で抱える問題を解決、緩和したいと考え、自ら保育者に相談する（支援を求める）場合と、保育者が問題を発見する場合（例：保護者との会話、連絡帳等のやり取り、育児講座等の活動の中から保育者が問題に気づいて支援へ発展する等）とがある。

② インテーク（受理面接）

ケースの発見（問題把握）によって関りをもった保護者（家庭）の相談を受理し、身体的な支援に向けて話し合いを行っていくスタートの段階である。この段階では、保育者は、保護者が話しやすい雰囲気や環境に配慮すること。その問題・ニーズを把握すること。保護者（家庭）との信頼関係（ラポール）を築くことが求められる。

③ アセスメント（事前評価）

インテーク（受理面接）の段階で収集した情報に加えて、保護者（家庭）に関する情報収集（特に子どもも含めた生活状況、環境等について）を継続して行う。この段階では、当該ケースの全体像を明らかにした上で、保護者（家庭）の状況把握のみならず、当該家庭がある地域社会全体のことも把握する等、保育者には多面的・多角的な視点が求められる。

④ プランニング（支援計画の作成）

アセスメント（事前評価）によって明確になった保護者（家庭）が抱える問題・ニーズに沿って目標を設定し、具体的な支援の内容・方法を決めていく段階である。どの問題から支援を行うか、緊急性の高さ等から優先順位をつける。

プランニングの過程には、必要に応じて担当保育者の他、施設長（園長）・主任、関係機関の専門職等が参加する。

⑤　インターベンション（支援の実施）

支援の目標・内容等の設定後、実際に支援の実施となる。問題解決・緩和がスムーズに進むように、保護者（家庭）を取り巻く環境にも働きかけ調整を行ったり、さまざまな関係機関を紹介したりする等、具体的に支援が展開していく段階である。

⑥　モニタリング（中間評価）

支援の実施後、実際にどのように支援が行われたのか、また、保護者（家庭）の変化やそれらを取り巻く生活環境の変化等について情報収集・分析を行う経過観察の段階である。必要に応じて、計画の修正、再アセスメント等を行う。

⑦　エバリュエーション（事後評価）

計画沿って支援を実施し、その状況や妥当性・効果等を総合的に振り返り、検討が行われる段階である。施設長（園長）や先輩保育者、あるいは関係機関の専門職等から、助言等を受けることもある。

⑧　クロージング（終結）

実際に支援が展開された結果、問題の解決が図られた、あるいは課題は残るものの、保護者（家庭）の力で対応していけることが保護者との間で確認された際に至る段階である。

当該家庭の転居、保護者（家庭）からの申し出、あるいは他の関係機関への紹介によって、支援が中断・終結となる場合もある。

　支援の各過程において、保育士は、必要に応じて他のソーシャルワークの中核を担う専門機関と連携を図りながら実施する[9]。

　ケースカンファレンスは、本来、スーパーバイザーとの個別協議、教育、指導訓練の場を意味しているが、わが国では、医療や保健、福祉の領域で「事例検討会」「ケース会議」「ミーティング」「処遇方針会議」「事例研究会」などの意味で広く使用されていることが多い。最近では、介護保険制度の現場において実施されている「サービス担当者会議」や障害者総合支援法に基づく自立支援協議会における「個別ケア会議」や「事例検討会議」も近いものとして、位置づけられている。

　ケースカンファレンスは、助言者（スーパーバイザー）と報告者だけでなく、対象事例にかかわる援助チームのメンバーをはじめ、必要に応じて他の分野の専門職種、機関する機関や現場の職員も参加して行う。つまり、様々な専門職種らによる様々な考えや価値観、立場の異なる人が一堂に会して進められる。自分の担当する対象事例について、様々専門職らとみつめ、深めることによって、新たな解決方法を導いたり、行き詰った問題に前向きに取り組むことができるようになったりする。

　また、ケースカンファレンスを通して、多くの目が１つの対象事例を見つめることによって、その問題を解決していく援助の方法が広がるとともに、セーフティーネットにつながることが可能となる。ケースカンファレンスの目的として、①対象事例について課題の実現を妨げている要因・原因が明らかにされる。②ケースカンファレンスが職員の教育・研修の機会となる。③ケースカンファレンスを通して、関係機関・専門職種との連携・協力・協働関係を気づき上げられる。④ケースカンファレンスから明らかにされた問題の本質・原因から地域で埋もれている福祉課題を発見し、社会資源等につなげることが可能になる、などがあげられる。そして何よりもケースカンファレンスは、利用者の生活をより豊かにすることに結びつくことを目標としている[10]のである。

　評価は、立てられた支援計画に基づき実践した支援の経過や成果、効果等について検証するものである。これにより、支援内容の質的向上が図られるとともに、保育者自身の省察を促すことにもなり、スキルアップへつながる。評価は、様々な視点から多角的かつ多様な方法で実施する。また、その評価により得られたことに関して、次の支援に反映させる必要がある。評価の結果を受け止め、改善に向けた具体的な取り組みを行うことが、本来的な評価の意義である。

　支援計画、記録、評価の関係は非常に厳密な関係にあり、どれか1つ欠けてしまうと充分にその機能を果たすことができない。支援は適切に記載された記録を根拠としながら検証することで、改善を行い展開することが求められる[11]。まさに、PDCA サイクルと同様に展開されているといえる。

　子ども（家庭）を支援していく上で、その内容を点検していくことは欠かせない。その点検の場、評価の場がケースレビューであり、ケースカンファレンスでもある。ケースカンファレンスは、通常施設（園）でケース会議あるいは支援会議等と呼ばれるものである。そして、ケースカンファレンスとよく混合されるものにケーススタディがある。ケースカンファレンスは、支援上の当面の課題を決定する会議であり、ケーススタディは、典型的な事例を通して、一般的な原理・原則を学ぶ会議であり、両者の違いを理解しておくことが必要である。

　ケースカンファレンスの場で、集団のダイナミズムを利用し、今までの支援を見直し、支援方針を確認する。その支援方針は、施設長（園長）の承認を得て決定される。支援方針は、原則としてケース担当者によって提起され、ケースの抱える問題及び支援する職員（保育者）の課題によってケースカンファレンス開催の是非が決まる。

　ケースカンファレンスでは、支援内容の評価・方針が協議され、子ども（利用者）の行動や状況が専門的に検討されることが必要である。一般的にカンフ

ァレンスの場において、子ども（利用者）の問題性ばかり浮き彫りにされ、支援する問題性は隠されてしまうことがある。本当は、支援の中身が専門的に検討されることが必要である。

　つまり、評価とは職員（保育者）が提供してきた支援の中身についてであり、方針とは、職員（保育者）に何ができるか、その課題を確認することである。現場で行われるカンファレンスのねらいは、職員（保育者）が提供していく支援を点検することにある。評価・方針は、具体的で日常の生活に密着したものであり、決して、あるべき論や理想を追い求めるものではない。準備された資料の内容が重要である。ケースカンファレンスをより効果的に機能させるためには、職場におけるシステムとして位置づけられていることが必要条件となる[12]。

　実施した支援が適切で効果的であったかどうかを確認し、さらなる支援の向上に努めるためには、信頼できる情報をもとに、実施した支援に対する適切な評価を行う必要がある。評価は、一連の支援展開における重要なプロセスの一部である。

　評価とは、支援プロセスの状況や結果を知るために行う調査である。評価の主な目的は、なされた支援が利用者の問題解決やニーズの充足につながったかどうかを分析・判断することである。そのためには、支援開始前後で利用者に関連する重要な情報を継続的に収集する。また、アセスメントや支援計画の際に、評価に先立って何を評価の対象にするかなどを利用者と話し合うことが望ましい。

　評価の種類には、プロセス評価と結果評価があげられる。

　プロセス評価とは、①援助のプロセスで適切な支援が計画どおり行われているか。②計画と異なる場合はなぜか。③なされた援助により利用者及び環境にどのような変化が起こったか。さらに、その変化が問題解決に役立っているかどうか、などを行う評価のことである。プロセス評価としては、モニタリング

があげらる。支援の途中経過についての評価を行うことで、より効果的な支援が可能となる。

　一方、なされた支援が効果的であったかどうかの最終的な判断に行う評価を結果評価と呼ぶ。結果評価は、①どの程度、問題の解決ができたか。②どの程度、ニーズは充足されたのか。③目標は達成できたか。④援助に対して利用者がどの程度満足しているか。など、支援効果の最終的な分析・判断を行い、最終的な結果評価を導き出すことになる[13]。

４．支援の実際

　支援の実際においては、保育所を利用している保護者への支援、地域の保護者への支援、障害・発達上の課題のある保護者への支援、不適切な支援・虐待が疑われる保護者への支援、外国籍である保護者への支援などがあげられる。それぞれ具体的な場面において、支援が行われている。

　外国籍の子どもが保育園に増えている。現場では、言葉や生活習慣の違いから特別な対応が必要なことも多く、困惑の声も上がっている。例えば、神奈川県の認定保育園では、70人の園児のうち外国籍の子どもは10人。同市内の外国人労働者が増えたこと機に、10年ほど前から外国籍の子どもが増え、クラスの半数は日本語を母国語としない子どもであった。子ども同士は日本語の習得が早いし、仲良く遊び始めることも多いが、園と保護者とのコミュニケーションは難しいという。「家庭での生活を把握できない」「注意事項やお願いをどう伝えていいのか」などの声が現場の保育士から寄せられる。

　対応は自治体によって異なるが、独自に体制を整える自治体もある。福井県の認可保育園では、外国籍の父親に保育士が日本語で伝えると、ポルトガル語のできる別の職員が通訳する。15年ほど前から保育所に通う外国籍の子が増え始めたため、同市ではポルトガル語圏の家庭に対応できる職員を雇ってい

る、という。また、ブラジル国籍の人が多く、外国籍の割合が 2 割近い群馬県大泉町では、町内の認可外保育施設が子どもを受け入れてきたが、最近では公立の保育園でも受け入れているという。京都文教大学の平野知見准教授によると、「さまざまな国に人が暮らしやすい環境づくりには保育分野の対策が欠かせない。異なる文化の親子を受け入れる際、保育者の研修の充実や寄り添って支援ができる人の配慮が必要だ」という⁽¹⁴⁾。

　子育て支援活動は、保育所をはじめ、自治体その他さまざまな機関等、日々実践が展開されている。

【注】

（1）　日本保育学会編『保育学講座 5　保育を支えるネットワーク―支援と連携』東京大学出版会、2016 年、1〜2 頁。

（2）　厚生労働省編『保育所保育指針解説』株式会社フレーベル館、2019 年、328〜329 頁。

（3）　前掲（2）。

（4）　小原敏朗・三浦主博編著『保育実践に求められる子育て支援』ミネルヴァ書房、2019 年、60〜66 頁。

（5）　前掲（4）。

（6）　橋本好市・直島正樹編著『保育実践に求められる子ども家庭支援』ミネルヴァ書房、2019 年、76〜77 頁。

（7）　稲田将人著『PDCA マネジメント』日経 BP、日本経済新聞出版本部、2020 年、5 頁。

（8）　前掲（4）、94〜95 頁。

（9）　前掲（3）、86〜87 頁。

（10）社会福祉士養成講座編集委員会編『新・社会福祉士養成講座 8 相談援助の理論と方法Ⅱ』（第 3 版）、中央法規出版株式会社、2017 年、216〜218 頁。

（11）前掲（4）、105〜107 頁。

（12）埼玉県社会福祉事業団『施設処遇マニュアル・チェックリスト』埼玉県社会福事業団、1990 年、35〜38 頁。

（13）白澤政和・尾崎新・芝野松次郎編著『社会福祉援助方法』有斐閣、2003 年、157〜159 頁。

（14）朝日新聞「増える外国人の子保育現場困惑も」朝日新聞社、2019 年 1 月 5 日付。

第4章　記録とスーパービジョン

1．記録の重要性

　現代の私たちが"日本の歴史"を知ることができるのは文字によるところが大きく、文字によって記録されていなければ多くの事を知ることはできない。文字によって書き記すことは、古代から現代に至るまで、その時の様子を知るうえでは重要なアイテムといえる。記録は歴史を語る資料である。

　こうした記録は保育士にとっても重要である。日々の保育の結果は、対象の成長や生活の歴史でもある。保護者との面談結果、保育所内外の各種の会議や、他機関との協議の内容や結果など、保育士としての業務を遂行するためにあるいは遂行したことの証明として日々の保育のために必要とされている。この記録には大きく分けて3つの意味がある。

（1）記録の目的
1）職務を遂行した報告および証拠書類として

　本来保育所の保育は、利用者である保護者とその児童が、保育所と市町村との契約のもと利用が決定し報酬を受け取っている。したがって保護者や市町村などからどのような保育を実施していたのか聞きたいという申し出に対して、回答する義務が生じる。日々の保育や個々の状況を記録した保育日誌類や経理事務などがその対象となる。またこれとは別に業務命令として、日常の業務は所属の機関やその長から指示されて実施するものである。例えば保育士は年度初めなどに担当するクラスなどの業務や出張等の指示がある。これに対して研修内容や出張の内容を復命する義務がある。復命は、文書によって実施状況を

報告する。記録は、業務などで実施した結果を報告するためのものであるといえる。そしてそれは、関節的には委託した市町村や県及び契約者に対してである。

2) 対象の理解をすすめ、自身の振り返りのため

　記録は、対象となるその人を知る重要な手段となる。実践した“こと”に代えるを事実に基づいて記録し、どのように感じたのか、捉えたのかを表記し、互いに確認することによって、子どもの成長を確認する場とすることができる。また自身の日々の保育の点検の場とすることもできる。私たちは生活の中で人を評価する際に、その時の印象から入る。そのまま強く固定することもあれば、柔軟に変化さえていく時もある。図4-1に示したように、日々の保育の中で、様々な出来事が起きる。その一つ一つがその人を理解するための材料となる。アセスメントの際の重要な事例である。日々の保育の中から事実に基づいて書かれた保育記録が、保護者との会話の記録がその子の保育（支援）の手掛かりとなるのである。

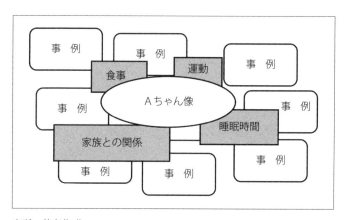

出所：著者作成

図4-1　アセスメントとしての記録

3) 情報共有としての記録

　日々の業務の中では、それぞれの専門性に特化された業務分担がされている。また早番や遅番などの交代勤務がある場合には、さらに職員間の情報の共有は重要になる。子どもたちの健康と成長育む互いの業務は、迅速に正確に行われ必要がある。口頭だけでは、聞き間違えるなどのヒューマンエラーが起きやすくまた、口頭伝達を忘れるなどの状況も生まれる。そのため口頭で実施するとともに記録していく必要がある。時にそれは簡単なメモや走り書きであったりする。例えば毎日の昼食は、子どもの数と職員の数の伝達が必要である。さらにアレルギーの子がいれば、どのようなアレルギー食が必要か伝える必要も生じる。アレルギー食はどれで、どのような配慮がされているのか伝達する必要もある。保育者はさらにそれを確認して間違わないように、子どもに提供する。こうした記録は、公文書などの正式な文書ではないのでメモと呼ばれるが、役割は重要である。またチェックだけで済ませる場合もある。忙しい業務の中伝えていくため、より正確に早く行うことが目的とされるので、その方法と様式は多様である。

（2）記録の方法

　記録にはその目的に応じて記入の方法がある。記録の使用目的に応じて、記録の書き方、表現方法を変えていく必要がある。なぜなら必要以上の記録は、忙しい業務をさらに忙しくさせエラーを誘発させてしまうからである。

1) 業務上の記録

　サービス提供者として求められている記録は、日々の保育において何人の児童を対象にどのような対応を行ったかということである。ここでは「事実」の記録が求められる。従って「事実」のみを記入していく。保育内容、保育対象と保育者、昼食やおやつの内容、保育時間、である。

　例えばここでの事実は、何時から園庭でどのような遊びを提供したのか。何

時から昼食となったのか。早退者や体調を崩さした者はいないか。誰が保育を提供したのか。アレルギー食の提供者及びその状況などとなる。事実のみということは、〜を実施した。〜であった。といった表記になるだろう。

2）対象の理解と自身のためのもの

　対象の理解および自身の省察や支援の専門性向上のための記録は、事実を記入するとともに、自身の感じたことなどとなる。実習時の記録簿もこの書き方となる。それは記録を書いた人が、主体となって捉えた事実をまず記入することから始まる。できるだけ記録を読む側の立場に立って、状況がわかるように記録することも必要となる。

　第3者が見て理解しやすい記録は最低限5W1Hである必要がある。5W1Hは、「When：いつ」「Where：どこで」「Who：だれが」「What：何を」「Why：なぜ」「How：どのように」と言ったものである。当然一人でなければ、「Whom：だれに」がはいるのは言うまでもない。そして自分自身がそこで何を考えたのか、どう行動したのか。といった内容を記入する。考えたことや推測したこと、感じたことが加えられていく。

　例えば、食事中にあきら君が、副食が入っていたお皿をもって突然立ち上がり、「お代わりが欲しいー。」と話してきた。一緒に食事をしていた他の子どもたちは、突然立ち上がったので、びっくりしていた。私は普段あまり食が進まないあきら君のお代わりの要求なので、すぐに「食べられるだけ、よそっていいですよ。」と返答した。今日の副食は、野菜炒めであきら君の好物ではなかった。

　このように誰もが状況がわかるように記す必要がある。ここでは、記述しなくても理解することができる園名やクラス名、昼食であること、人数や対象となった子どもたち具体的記述は省略されている。

　事実と記入者又は実践の主体となった人の気持ちも書かれている。例えば、突然という記述がある。「突然」とは、予期しない状況で起きたことを表す。

食事を把握している保育士が、副食を食べ終わっているあきら君に事前に注目していた場合には、突然という言葉がなかったかもしれない。それは食べ終えて、まだ食べたいなと思っているあきら君を見ていれば、お皿を持った時点で、あれ、どうしたのだろう。といった注意が向くからである。その時には突然ではなく、「意を決して」とか、「お皿をもって、立ち上がり」という表現になるだろう。「突然」はあまり周囲に目を向けずに＋食事をとっている子どもだけになるだろう。またいつも他の子どもが同じように、お代わりをしているのであるならば、この「突然」は、普段お代わりをしないあきら君に対しての表現とも受けとめられるだろう。

　このように事実とその事実を捕捉する形容詞などがその時の状況と記入者の想いをより鮮明にしていくのである。

2．記録の様式

　記録にはその目的に応じて、様式が決まっているものがある。目的に応じて、記録を見る誰もがその目的を達しやすいように、整備されていったものである。

　ケース記録

　個人（ケース）を対象として対人援助サービスを実施しているところの多くは、支援の計画や対応状況を記録したものがある。こうした記録をケース記録という。ケース記録には、次のような書式あるいは項目が用意されている。

（1）フェイスシート

　子どもの状態を記入する台帳作成時に記入されることが多いもので、その子の家庭状況（住居を共にしている人・同一住所）、本人状況が簡潔に記されたものである。具体的には（表4-1参照）

①本人氏名、年齢など

②家庭構成及び状況

・保護者の氏名・年齢・勤め先・連絡先

・保護者に代わる氏名、年齢、勤め先、連絡先

・保護者以外の氏名、年齢、勤め先（日中の状況：学校等）

表 4-1　フェイスシート作成　例

本人氏名	各事業		生年月日	2017 年 6 月 24 日	住所	
	成　育　歴		保護者名		勤務先	
年月日	事項		連絡先		緊急連絡先	
			保護者名		勤務先	
			連絡先		緊急連絡先	
			家族状況（ジェノグラム）			
	病　　歴		家庭の状況			
年月日	事項		年月日		事　項	
連携機関						
年月日	機関名			利用経緯と利用状況		

出所：著者作成

③家族状況

・祖父母や親の兄弟など

・家族の歴史

家族状況は非常に複雑な家庭も多いので、ジェノグラムで示されることが多い。知りうる範囲で記入される。

④成育歴

成長・発達の状況を記入していく。生まれた住所や影響があったと思われる家庭の状況（引っ越しや別れなどのイベント）、過去の問題となった事項とその年限、施設（機関）に変更があった場合には、その時の状況、生育の状況やその時の施設などの判断が記入対象となる。

⑤現在の状況

施設（機関）を利用し始めた日時、その時の状況、現在までの特筆すべき変化や状況

幼稚園等であれば発達状況や保護者との関係

⑥外部の連携機関の利用状況

・利用している病院など　診断名や通院状況

・利用している支援機関名とその状況　障害等や家庭状況などによって、利用しているサービスと提供機関名、おおよびその理由が主な記載内容となる。

（2）アセスメントシート（事前評価表）

　乳幼児期であれば、個別の支援計画や個別の教育支援計画、個別の指導計画、サービス等利用計画を作成する際に把握した本人の状況を記載する。フェイスシートと重なる部分があり、変更事項や特記事項が生じた際には、フェイスシートに転記していく必要がある。保護者の状況と子どもへの想いや態度、外部機関との関係とその利用時の状況なども記載対象となる。

(3) プランニングシート（支援計画票）

本人・保護者の願い：障害のある児童・生徒が将来に渡り豊かな生活を送ることを願い、「こうありたい」という本人・保護者のニーズを記入します。

支援目標：一人一人のニーズに応じて的確な支援を行うためには、適切な支援目標の設定が必要となる。支援者の一人として、その思いや願いを十分に聞き取り、関係諸機関と話し合いをもちながら、協力して支援目標を設定する必要がある。児童生徒の生活している地域の社会資源等、具体的な支援機関を視野に入れることも重要となる。

支援内容：支援目標を達成するために、実際どのような支援が必要となるのか、教育、医療、福祉、労働等関係機関による支援内容を具体的に記載する。一人一人のニーズに応じた支援目標が達成されるように、学校・園が関係機関の協力を得ながら作成することが必要である。誰が、どのように、いつまでに行うのか、より具体的なものを目指す。

(4) プロセスシート（支援過程表）

支援計画に沿って支援活動の経過を記録していく。アセスメントシートと同様の位置づけのものも多い。支援の結果や相互の関係や利用者の思いなども記録していく。

(5) モニタリングシート（経過記録）

支援の過程において、支援過程表・記録簿・関係機関などとのやり取りから、利用者の思いや計画の到達点を明らかにしていくものである。支援項目ごとに記録されて行く。より的確に簡単に行われるように、チェック項目に沿って記録されていくものもある。

（6）エバリュエーションシート（事後評価）

　支援終了後に記録されるもので、支援の過程を記録していく。主にアセスメントやプランニングの実施状況、問題解決の実施状況、支援全体を振り返って記録される。

（7）クロージングシート（支援終結票）

　エバリュエーションシートとまとめて一つのシートとされているものも多い、支援の終結の理由、経過や終結後の子どもや家庭状況など、フォローアップについても記録される。

（8）報告書

　各種会議録やイベントや行事などの結果、課題処理の状況などをまとめて報告する必要がある。様々な形式があるのでここで紹介しておく。

1）議事録等

　各種の会議、ケース会議、事例検討会、カンファレンスなどの記録は、①開催日時　②開催場所　③参加者　④会議の目的あるいは名称　⑤議長あるいは司会者　⑥記録者を記入し、会議の目的や次第、発言者と発言ごとの内容（発言者を記入しない場合もある）、決定事項、申し送り事項など留意点などを記入していく。

2）リスク管理のための記録（事故報告書・ヒヤリハット報告書）

　事故が起きた時には、事故報告書を作成することが多くなっている。5W1Hの原則にのっとり記入していく。誰がどのような状況で、どんな状況になったのかを記入する。また発見あるいは事故後、どのような対応がとられたのか。その結果についても記していくのが通常である。

　この他にヒヤリハット報告がある。場所と状況とどのよう状況で、どんなことに、ヒヤリハットしたのか記入していく。これはより多くの報告・記入が必

要となるため、より簡潔に状況報告が可能になるように、工夫されているものが多い。

3）非公式な記録

メモと呼ばれることもある非公式なもので、引継ぎ用の記録などがこれにあたる。個人の記録や重要な情報も書かれていることもあるが、保存すべき書類としての扱いとならないものである。

（9）記録の方法

こうした記録には、大きく分けて①記述式：文書で記述する方法である。文書の形式として、叙述体（逐語体：誰がどのような発言をしたのか克明に記録していく方法である。）このほかに要約体、新聞等で使われる説明体などがある。②項目式：項目ごとに事前に選択肢が用意されチェックしていく方法や短文で表現する方法などが組み合わされたものである。③図表式：文章では長くなり複雑になるので、図で表したものである。

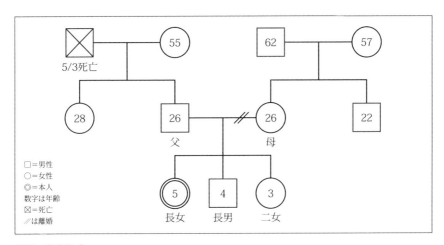

出所：著者作成

図4-2　ジェノグラムの例

　ファミリーマップ（家族の関係を図式したもので、互いのコミュニケーションの様子や情緒的な関係をわかりやすく記号化している。）

　ジェノグラム（世帯関係図、家系図の3世代の状況を図式化したものである。）（図 4-2 参照）

　エコマップ（支援対象の子どもや家族との隣近所の地域の人、保健所や保育所、施設などとの関係を図式化したものである。）

　フェイスシートの家族状況を図式化したものにジェノグラムがある。対象となる児童の家族状況や地域の状況を記した、エコマップがある。

3．事例研究の方法

　事例研究には、事例研究法（Case study Method）と言われるものと、事例研究（Case study）とがある。事例研究は、概念を求めたり、逸脱する事例の検討から、新たな仮説を見出す、因果関係などその作用のメカニズムを究明する、複雑な因果関係のモデル化とその評価などをめざす、ことなどを目的に実施される。保育所など実践現場では、普遍的法則の定立を目指すだけではなく、特定の事例の現実を理解するために、特定事例の因果関係を解明する事例研究が多く実施されている。事例研究はケーススタディとも言われている。

　これと似たようなものとして、事例検討がある。事例検討はケースカンファレンスとも呼ばれている。施設や保育所においては、目標をもって対応を行っている。こうした目標が妥当ものであるのか。あるいは実践を経て妥当であったのか。次の目標の設定はどうあるべきかを主な目的に検討を実施している。

　またこうした事例検討は、単に目標設定や支援の方法を議論するだけでなく、具体的な支援方法やその時々の支援者である保育者の考えなどを検討課題とすることで、保育者や各支援者の省察の場として活用することが可能であり、スーパービジョンの場として、支援の質の向上の場として実施される。

4．保育スーパービジョンの必要性

　スーパービジョン（SV ともいう）は、ソーシャルワークの機能一つであり、福祉・医療を中心とした対人援助職を中心において発展してきた。また企業や福祉関係職など様々な場面や場所で取り入れられている。このスーパービジョンは、スーパーバイザー（支援者・スーパービジョンの提供者）が、スーパーバイジー（支援を受ける側）に対して、契約の下、実施していくものである。そして SV には 3 つの機能（指示的機能・教育的機能・管理的機能）があり、バイジーが組織の中での専門職として、対人援助職としての専門性の獲得とメンタルの支援を実施するとされている。

（1）スーパービジョンの定義と分類
　スーパービジョンの明確な定義は確立されていないとされている。多くの場合 SV の 3 つの機能を使って説明される。

1）管理的機能
　所属する組織・機関にはそれぞれの組織・機関が持つ目的や役割がある。当然その目的や役割に応じた業務の手順や方法、配慮事項が存在する。バイザー（支援者・提供者）はバイジー（支援を受ける側）に対して、所属する集団の長や集団が期待する役割の理解、業務の手順、方法の理解をすすめ、円滑な運営を行う必要がある。たとへ新人や実習生であっても、所属する機関外からすると、その集団の代表者である。そのため第 3 者に対して、適正な支援を提供しようとする場合には、集団の方向や目的、業務の遂行や分担を知らなければ、職務の遂行が難しくなるからである。

2）教育的機能
　スーパービジョンは、新しく専門性を持った専門家の養成である。そこでは、教えることと学ぶことの相互の関係が基本となる。ス―パーバイジーが専

門家として業務を遂行できるように、知識や技術を基に具体的に遂行できるように方法や手順の習得を援助する機能である。当然教育的機能を受ける側にとって最良の学習の場になるのだが、提供する側も最良の学習場となるように、知識や技術の更新を行っていかなくてはならない。

3）支持的機能

　スーパーバイジーへの心理的サポート機能の事である。職場そのものがストレスの場であるとともに、対人援助職にとって業務を遂行することは、さらなるストレスの場面となる。また高い意識をもって業務にあたる専門家にとって、日々のストレスはバーンアウトの要因ともなりかねない。同僚や上司、クライエントなどとの関係において、安定して業務にあたることができるように、ストレスが蓄積されていかないように、サポートすることである。

（2）スーパービジョンの形態

　スーパービジョンをより効果的に実施するために、概ね6種類の方法がある。①個人スーパービジョン　②グループスパービジョン　③ピアスーパービジョン　④ライブスーパービジョン　⑤ユニットスーパービジョン　⑥セルフスーパービジョンである。（表4-2参照）

1）個人スーパービジョン

　個人スーパービジョンは、スーパーバイジー1人、スーパーバイザー1人の

表4-2　スーパービジョンの形態

個人スーパービジョン	バイジーとバイザーの1対1で実施される。
グループスパービジョン	1名のバイザーとバイジーのグループで実施される。
ピアスーパービジョン	同僚・同輩などバイジー同士の関係行われる
ライブスーパービジョン	バイザーが実際の場面で実際に行うことで、行う
ユニットスーパービジョン	複数のバイザーによって一人のバイジーに対して行われる
セルフスーパービジョン	バイジー自身が業務等を点検し、計画する

出所：著者作成

1対1の関係で行う方法である。実施において気を付けるべきことは、スーパービジョンに対するスーパーバイジーの抵抗である。誤ったスーパービジョンへの捉え方によるスーパービジョンそのものへの抵抗。スーパービジョンを実施するバイザーに対するものが考えられる。またスーパービジョンが進行する中で、バイザー自身の専門性に対する高度な能力とともに、積極的なラポールの形成が必要となる。ラポールの形成が日を追うごとに深まり、業務上の葛藤や様々な課題・問題の共有は、バイジーの成長を確かなものとしていく。こうしたスーパービジョンを通して、バイジー自身による業務遂行に対する自己覚知や自己洞察を可能とし、自己の課題に対して前向きに取る組むことを可能としていく。

2) グループスーパービジョン

　一人のスーパーバイザーにより複数のスーパーバイジーに対するものをグループスーパービジョンと呼ぶ。個人スーパービジョンは、自己覚知や省察により自身で成長を図れるようにしていくものであるが、組織（集団）全体の支援の在り方や方向性についての確認は、グループダイナミクスの活用によって組織や機関全体の質の向上に寄与することができる。また集団そのものの質の向上は個々に及ぼす影響もまた多きいものであると言える。しかしスーパービジョンの実施をグループスーパービジョンの実施に矮小化することはできない。

3) ピアスーパービジョン

　ピアという単語には、同僚、仲間、同輩と言った意味がある。ピアカウンセリング、ピアサポートなど専門家ではなくても高い効果を発揮する場面がある。

　ピアスーパービジョンの基本は、上下関係のない仲間や同僚間で実施されるということである。当然バイザーとしての高い専門性や知識があるわけではないが、教育的機能と支持的機能が高いとされている。反面リーダーがいないため構造が失われやすく、十分な知識がないために行き詰まってしまう。一方的

な話し合いの場になる。できない点に意見が集中してしまうなどの問題がある。

　SFR チーム

　グループスーパービジョンではあるが、ピアスーパービジョンとして考えられているものに SFR チーム（Solution ソリューション・Focused フォーカス・Reflecting リフレクティング・チーム）によるスーパービジョンがある。基本的な考え方は、エンパワメント理論を中心として構造化されたグループでの討議を中心として問題の経緯や原因の究明を行わずに直接解決策や対応策の探求を行うという点にある。原則として①「発表者に解決策や辿り着ける能力がある」という視点に立っている。②時間の制限や段階、ルールなど、構造がしっかりしていて分かりやすく、初心者や発言するのが苦手な人でも安心して取り組める。③「すでにできている点」も十分評価し、発表者をねぎらうことができる。といったものである。学生同士や同僚らとの研究会での事例検討は、ピアスーパービジョンと言える。

4）ライブスーパービジョン

　スーパーバイザーが実際に進行しているケース（事例）にスーパーバイジーを同席させ相談業務を実施する、あるいは援助・支援を行う。実際の場面の中で、方法や技術など必要な知識や考え方など教育的にスーパービジョンをおこなう方法を言う。実際の場面での教育的支援であるため教育的効果が高い。

5）ユニットスーパービジョン

　一人のスーパーバイジーに対して、複数のバイザーがスーパービジョンを実施することを言う。クライエントの課題や問題・相談事項をバイジーが検討するとともに、複数のバイザーも同時に検討を実施し、バイジーの成長を保障していこうとするものである。責任と目的を明確にして会議を開催し、上司集団の中にバイジーを参加させて育てて行くという方法もユニットスーパービジョンに入ると考えられる。

6) セルフスーパービジョン

　バイジー自身が実施するスーパービジョンである。自身で実施してきた業務を、記録等を介して点検を実施し、過去の自分を客観視して自身を評価し、計画を立案していくことである。

（3）スーパーバイザーとスーパーバイジーとの関係

　バイザーとバイジーの関係をスーパービジョン関係という。このスーパービジョン関係を通してスーパービジョンが実施される。スーパービジョンの効果はこの関係次第ということになる。ラポールの形成が難しい状況下でのスーパービジョンにおける成果はあまり期待できないと言えるだろう。困難な状況にあるバイジーを支え、自分自身と向き合う省察や自己覚知へとはたらきかける。バイジーは、スーパーバイザーによる受容や共感されたことによって前向きな姿勢や安心感を高め自己覚知を深める。葛藤を抑圧することなく自己開示する勇気を得てラポールがさらに深められていく。対人援助において他者からのバックアップを感じていることは自己肯定感を深め、クライアントに対しても同様な作用をあたえることを可能にする。ここでのスーパービジョン関係は、情緒的な関係であるといえる。専門職として必要な知識や技術、価値を伝授し、専門的な職業人とし業務に専念できるようにしていくことは、専門職業的な関係ともいえる。

　例えば専門的な支援を実施するソーシャルワークにおいては、支援を実施するにあたり、自身が感じている支援される側の感情であるスーパーバイジーとしての思いと、実際に支援されているクライエントへの感情はパラレルプロセスと言われていて、非常に関係性が強いと言われている。より良いスーパービジョンの体験は、よりよい支援に結びついていくということである。

（4）スーパービジョンの方法

　スーパービジョンを開始するにあたり、どのようなスーパービジョンを実施するのか、契約によって明らかにする必要がある。　スーパービジョンを始める前に確認することは、スーパービジョンの契約をもって開始される。それは互いにスーパービジョン関係を作っていくことを確認することでもある。その関係は、どのようなスーパービジョンによって、どこで、どのように相互の関係において確認していく。またスーパービジョンのどの機能を優先していくのか。どのような指示の下実施されていくのかなどを確認しておく必要がある。どのような状況で終了となるのかも明らかにしておく必要がある。

　実習場面におけるスーパービジョンは、養成校からの依頼を承諾した時点で契約となり、オリエンテーションが最初のスーパービジョンの面談となる。

　スーパービジョンを実施していくために、どのような配慮が必要なのだろうか。バイジーの変化に対してどのようなスーパービジョンが必要とされているのか。バイジーの側から見たスーパービジョンの状況の変化（表 4-4 参照）

表 4-3　スーパービジョンのレベル分け

	バイジーのニード	スーパービジョンの優先機能	バイザーとバイジーとの関係	スーパービジョンの効果	
				バイジーから見た効果	バイジーが学習した効果
第 1 ステップ定期	実際の保育をしたい	A≧T≧S	依　存	安心	受け入れ
第 2 ステップ定期	クラス運営に参加したい	T≧A≧S	依　存	仕事の願望	指導
第 3 ステップ定期	仕事を理解し、認めてほしい	S≧A≧T	依　存	自身	支持
第 4 ステップ定期	仕事を他の視点から見てほしい	S≧T≧A	依　存	意欲	支持
第 5 ステップ定期	業績を認めてほしい	A≧S≧T	自　立	能力維持	挑戦
第 6 ステップ定期	仕事の評価をしたい	A≧T≧S	自　立	安定と自身不安と許容	挑戦
第 7 ステップ定期	仕事の理論化をしたい	S≧A≧T	自　立	自己能力発展へ静かな意欲	挑戦
第 8 ステップ定期	専門性の発展のための協働佐豪	S≧T≧A	相互依存	自己能力発展へ静かな意欲	パートナーシップ

A：管理的機能　T：教育的機能　S：支持的機能　大塩まゆみほか『ホームヘルパーのためのSV』ミネルヴァ書房、2002、p 108（著者一部改変）

から捉えると、業務などについて依存的であった初期段階から、自立に向けてスーパービジョン関係が続いていく。また相互の関係は依存的関係である。少しずつ業務慣れ、その業務を理解していくにつれ、依存から自立に向かっていく。スーパービジョンは当初は管理的な色合いが強く、できるだけ早く集団の中での業務把握ができるように促していく。管理的なスーパービジョンから少しずつ支持的な機能、教育的機能へと状況に応じて変化し対応していく。スーパービジョン関係は、自立から相互の依存へと準備されていくのである。

（5）スーパービジョン実施

　スーパービジョンの実施は契約後、スーパービジョン実施1日前には検討事項の提出から始まる。通常の場合は何らかの素材を対象とすることが多く、また個別の面談という形式が取られる場合もある。面談の場合も議題は必要であり双方ともに提案が可能である。スーパービジョンでは、提案に沿った討議などが行われ、ラポールの形成と相互理解がふかめながら実施される。相互理解やラポールの形成は、スーパーバイジーの専門職としての成長へとつながっていく。

　バイジーはスーパービジョン終了後、内容についての記録を行う必要がある。スーパービジョンでのコメントやアドバイスは、その後の業務に影響を与える可能性が高く、また記録することによって意識化することも可能である。

　スーパービジョンの過程は3つの段階があるとされている。それは、①始動期②展開期③終結期の3つである。表4-5にも示したが、①始動期：互いの役割を知ることから始め、それぞれの役割を理解していくことが望まれる。その後は互いの考え方や能力を確認し、問題内容や状況の確認を実施します。②展開期：受容と共感を大事にしながら、バイザーは、バイジーの問題点や課についての示唆をおこなう。（表4-4 参照）

　スーパービジョンの留意点

　①スーパービジョンの多くは対人関係での支援上の問題であるときが多い。近年ビデオなどが使用されることが多くなっているが、その時の状況を共有するためには、文章として記録する必要がある。その文章は日々の記録から抜粋していくため、スーパービジョンの主題に沿って日々の実践から起こせるように記録をする必要がある。実践の状況とともに、その時々のスーパーバイジーがどのように捉えたのか、どう支援・援助をしようと考えたのか。どのような結果となったのかなどがわかるように記述する必要がある。

　②スーパーバイザーは、スーパーバイジーに対して、力量に応じた対応が望まれるが、過度な期待や信頼によって現状とかけ離れた要求が行われることがある。十分な把握と対応が必要となる。

　③現在の職場の状況に対してスーパーバイザー自身が全く違和感や問題を感じないでいる、あるいは感じなくなっているために、スーパーバイジーの訴え

表 4-4　スーパービジョンの時期と段階

	バイジーのニード	
始動期	段階 1「知る」	スーパービジョンの関係を理解し、スーパーバイザー・スーパーバイジーの各々の役割を知ると同時に準備を行う。
	段階 2「といかけ」	スーパーバイザーはスーパーバイジーのアセスメントを行う（スーパーバイジーの観え方や能力・問題状況などを把握）スーパーバイジーは、記録等の考え方をなどをまとめる。
展開期	段階 3「揺らぎ」「ゆさぶり」	スーパーバイザーは傾聴し、受容しながら、スーパーバイジーの課題や問題点の示唆を行う
	段階 4「ふかまり」	スーパーバイジーが精神的支持や心理的サポートを得て、質問疑問を表出し、自己洞察が行いやすいようにスーパーバイザーは留意する。
	段階 5「ふりかえり」	自分流（スーパーバイジー）の偏った見方・考え方あるいは思い込みや人権・権利擁護の視点はどうであったかへの検証を行う。
終結記	段階 6「わかる」	スーパーバイジーが自分の気づかぬ自分に気づく、または気づかされる。

出所：杉本敏夫・住友雄資「新しいソーシャルワーク」中央出版社 1989 年 p.181

に対して一方的な説明で終了させようとする。理解するように強く求めるなど、専門家としての対応が強く望まれる。

④実習生や新任職員などに対しては、ライブスーパービジョンなどわかりやすく、理解しやすいようにスーパーバイザー側の工夫も必要となる。慣れない人にとって、簡単に思えることも非常に大変なことがある。

⑤バイジーの間違いはその都度指摘する必要があるが、指摘ばかりではなく、良い点伸びた点を指摘してあげないと、スーパービジョンが重苦しいものとなり、現在の業務に対してもマイナスイメージとなってしまう。

⑤スーパーバイジーの到達点に応じて、要求を少しずつ引き挙げていく必要がある。スーパービジョンによる過度な要求は、指示的機能果を減衰させるばかりでなく、教育的機能も果たせなくなる。また低すぎる要求も気を付けなければならない。

⑥提出物の遅延や遅刻などを含めて課題の多い場合には、適切な解決策を提示する必要がある。またそのために課題チェックシートを作り課題い解決を行うなど、寄り添った支援が必要となることがある。

⑦スーパービジョンでスーパーバイジーに望むことは、組織の克服された課題とする必要がある。またスーパーバイジーが専門家として自立していくためには、所属する組織が専門家集団となる必要がある。

引用文献

大塩まゆみほか『ホームヘルパーのためのSV』ミネルヴァ書房、2002、p.108。

杉本敏夫・住友雄資『新しいソーシャルワーク』中央法規出版、1989年、p.181。

福山和女　『スーパービジョンとコンサルテーション』FK研究グループ、2001・
　　pp53。

表4-5　対象別スーパービジョンの留意点

1	新人職員	①	業務遂行上、主任や先輩職員と新人職員との間にはスーパービジョンがなり立つ
		②	新人職員と他の職員との業務上の責任範囲を明確にする
		③	新人職員のスーパービジョン
		④	スーパーバイザーは新人であってもすでに専門家として業務に取り組んでいる。存在として尊重し、組織で機能できる専門家の養成に努める
2	部下のベテラン職員	①	既に遂行した業務行動を組織の一員として職位と職種から貢献していくという意識づけを目標とする。
		②	援助方法論の異なるスーパーバイザーでは、援助効果が異なるため、スーパーバイザーとスーパーバイジーの間で異質性を受け入れう準備をしておくこと
		③	自立性を持たないスーパーバイジーの場合は、スーパーバイザーへの依存が強くなるため、スーパーバイザーはスーパービジョンの効用に限界が生じることを予測する
3	実習生	①	実習生の多くは、教育的スーパービジョンを望んでいるだろうが、管理的スーパービジョンをおこない、現場で「しなければばんらない」と「してはならないこと」を知らせることは、現実的な対処、現実の厳しさを知らせる意味で大きな教育的効果となる。
		②	スーパーバイザーである職員は、実習生の行動を観察し、その行動パターンを把握する必要がある
		③	職員と実習生とのスーパービジョン関係を確認する。
		④	実習生の行動範囲を明示する。
		⑤	養成施設・機関(組織)と養成校との協力関係の形成と組織内の職員の理解と協力を得る
		⑥	実習生の実習目標を明確にしたうえで具体的実習課題を確認し、課題の到達レベルの評価を実習生と共にする。
		⑦	成長するとして実習生の特性を把握し、これを理解し、実習生の抱く不安に配慮する。

出所：福山和女・編著・監修『スーパーにジョンとコンサルテーション』FK研究グループ pp44 － 53、2001の記述を引用　　筆者一部改変。

参考文献

塩村公子『ソーシャルワーク・スーパービジョンの諸相』中央法規出版、2000年。

田中敏則・小野沢昇・大塚良一『子どもの生活を支える相談援助』ミネルヴァ書房、2019年。

浅川茂実『障害者支援施設でのスーパービジョンが職員に及ぼす影響』武蔵野短期大学研究紀要第27輯、2013。

第5章　面接の構造と技法

1．保育士は対人援助職

1）保育士と相談援助

　保育士とは保育士登録簿に登録を受け、保育士の名称を用いて、専門的知識及び技術をもって、児童の保育及び児童の保護者に対する保育に関する指導を行うことを業とする者をいう。（児童福祉法第18条の4）ここでの保護者への指導とは、相談援助や助言のことで、単なる指導を意味しているものではない。

　子ども家庭支援の領域では、近年児童虐待の急激な増加や育児不安の増大等相談援助を必要とするニーズが高まっている。それ故、保育士にとっても相談援助（子育て支援）の技術は学習すべき重要な項目の一つとなったのである。

2）保育士も対人援助職

　保育士は子どもの福祉の専門家だけでなく、業務の拡大にともない対人援助職にもなったといえよう。対人援助の専門的方法としてケースワーク（social case work）カウンセリング（counseling）精神（心理）療法（Psychotherapy）があるが、アプテカー（H.H.Aptekar）は図5-1のようにとらえている。[1]ケースワークは具体的サービスや心の比較的表層の部分を対象とした援助活動であり、精神（心理）療法は心の深層を対象としたアプローチであるといえよう。

　ケースワークと精神（心理）療法の中間に位置しているカウンセリングは大きく2つに分けて考えることができる。広義のカウンセリングは問題の情緒的要素よりも知的要素を重視し、感情的過程よりも認知的過程を重んじ、パーソ

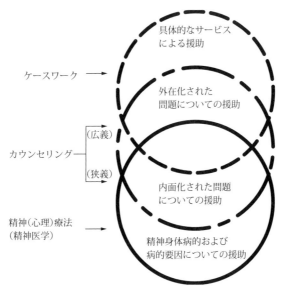

図5-1　対人援助の方法

出所：〔H.H.Aptekar The Dynamics of Casework and Counseling 坪上宏訳に加筆〕

ナリティの再構成をめざすというよりもむしろ問題解決中心である。それに対しカウンセリングを狭義にとらえる立場では、カウンセリングと精神（心理）療法を同意語として使用し、その対象についても正常な人よりも何らかの異常ないしは情緒的問題をもった人ということになり、治療目的もパーソナリティの変容とか再構成と考えているのである。保育士が行う子育て支援の理論的根拠を何にもとめたらよいのだろうか。保育士養成教育の科目は多岐にわたっているが、私は「社会福祉」「子ども家庭福祉」「社会的養護Ⅰ・Ⅱ」の社会福祉学と「保育の心理学」「子ども家庭支援の心理学」「子どもの理解と援助」といった心理学の科目を学んでいることから、ケースワークや広義のカウンセリングが保育士の子育て支援を支えるバックボーンになるのではないかと考えている。

２．面接の構造

　社会福祉実践はすぐれて、対人的・体面的性格をもっている。それは、社会福祉のサービス内容が金銭等の事務的・機械的給付という例外を除いて、そのほとんどすべてが、人と人とのかかわりをぬきとしては、サービスを要求し、利用しているクライエント（相談に来た人）の具体的な需要を充たすことが不可能であるからである。従って、社会福祉実践にたずさわるすべての人びとは、あらゆる場面で対人的・体面的な関係——面接をぬきにして日常的な業務は成り立たないことになる。[(2)] 対人援助職としての保育士にとっても、面接は基本的なことと考えられる。

　面接はきわめて日常的な営みでもあり、簡単にいえば、相手と直接あって話すことであり、日常経験においても最も早く相手を理解する方法であることがわかっている。このように面接は対象（被面接者とか、クライエントと呼ぶ場合が多い）について、ありのままの情報を、豊かに効率よく、直接的に生き生きと入手することが可能なのである。それ故、面接は実践全体を貫く最も基本的で重要な仕事であるといえる。

　ところで、この面接状況を図示すると図 5-2 のように表わすことができよ

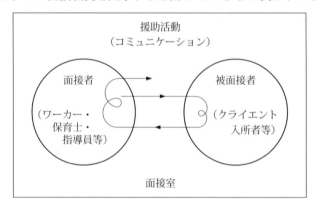

図 5-2　面接の構造

う。面接は面接者と被面接者、その両者の交互作用としてのコミュニケーション、そしてコミュニケーションの展開される場としての面接室といった4つの構成要素から成り立っていることがわかる。

1）面接者

どのような人が面接者として望ましいのであろうか。フロム・ライヒマン（F・Fromm − Reichmann）は精神科医は少なくとも他人のこういうことに心から耳を傾けうる人間でなければならないといっている。[3] この言葉は精神科医のみならず、人間の成長を援助するすべての職業にたずさわっている人々——カウンセラー、ケースワーカー、保育士等にも妥当することではないだろうか。他の人が自発的にのべることを聴き、これをまとめ、しかもこれにあやまった方法で反応しないようにすることは、特殊な訓練を受けていない場合ほとんど行いえない対人交渉のアートなのである。

さらに、この真に聴くことに加え、被面接者をよく見る——観察することも大切なことである。見ることと聴くことは相手を理解することへ至る王道だからである。面接者はそんな意味ではサリバン（H. Sullivan）のいう「関与しながらの観察者」なのであり、理論（知識）と技術と自己のすべてを使って対象者の福祉実現をはかる存在なのである。

2）被面接者

面接を受けにくるすべての人が自分から望んで面接にきているわけではないのが現実であろう。いやいや面接を受けたり、自分の問題として考えずに来談している場合もあろう。しかし、重要なことは自分自身の問題として自分で問題を解決しようとしないかぎり、本質的な解決はありえず、自己実現もありえないといったことである。それ故、面接への動機づけや期待といったことが大切な要因となってくる。また、面接は主に言語的レベルで進められるために知

的水準や精神的健康——自我機能の健全さといった部分も面接過程に深いかかわりをもつといえよう。

3）コミュニケーション

　面接は複雑なコミュニケーションの坩堝である。被面接者を理解するためのさまざまなヒントがそこには隠されている。それに気づくかどうかは面接者の感受性の豊かさによることが多いのである。パイファ（E. Pfeifer）はコミュニケーション系路を次のように整理している。

①　音声によるコミュニケーション

　　a. 語や文　b. 辞書的ことばにならない発声　c. 音調　d. 無言

②　身体言語

　　a. 姿勢　b. 身振り　c. 表情

③　視覚的コミュニケーション

　　a. 服装や身づくろい　b. 装飾　c. アイ・コンタクト

④　接触

　　a. 実際の接触　b. 接触を象徴する身振り

⑤　脈絡

　　a. コミュニケーションが行われる場面

　　b. コミュニケーションが行われる時間

　　c. 交渉しあう人の物理的距離

⑥　地位の象徴

⑦　メタコミュニケーション [4]

　面接者は音声によるコミュニケーションを主としながら、何を被面接者が語るかと同時に語られ方——表情や態度を通して共感的に理解するように努めることが大切なことではないだろうか。

4）面接室

　コミュニケーションが行なわれる面接室の条件について考えてみたい。面接室はこじんまりとした、明るく、落ち着いた雰囲気の部屋がよい。さらに隣室の声が聞こえない——換言すれば、室内の会話が外にもれないような構造であり、静かなところに位置している方が望ましい。また、細かいことではあるが、面接者と被面接者の椅子のならべ方にも配慮したいものである。一般的には対面式のＡ型が多いようであるが、神経質なクライエント等にはＢ型を用いることも有効ではないだろうか。要は面接を受ける人が自由でのびのびとありのままの自己を表現できるような状況を面接者がつくりだすことである。（図 5-3 参照）

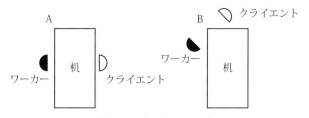

図 5-3　座り方のタイプ

出所：〔L.M Brammer, and E. L Shostrom "Therapeutic Psychology"〕

３．面接技法

1）場面構成の技法

　多くの場合問題をかかえている人は対人関係においても拒否的なことが多く、そのために面接を受けることに消極的である。最初の面接に対しても堅い防衛を崩さず、自分自身の問題についてもあまり責任を感じようともせずにいることが多いものである。

　このような状況の中でまず面接者がやらなければならないことは、暖かい個人的関係と相互信頼の雰囲気をつくりだすことによって、クライエントに安心感と安全感を抱かせることである。こうした心のふれあいのある理想的なかか

わりができる状態をよいラポール（rapport）の状態にあるという。

　ラポールを生み出すために保育士が心がけることとして、クライエントを一人の人間として尊重し、丁寧なあいさつをしたり、面接のとりきめ事項を明確化——場面構成することは不可欠のことといえよう。

　場面構成の技法はクライエントに援助に関する枠組みや方向づけを与えるものである。場面構成の主な内容は面接についての説明と面接を受けるにあたっての取り決め事項——制限であり、それによって援助関係をより安定化させようと試みるものである。

　この取り決め事項には次のようなものがある。

① 時間——各面接には一定量の時間しかさきえない。通常週一回 1 時間である。

② 行為——言葉による表現は全く自由であるが、直接行為に表わすことは許されない。行為化（acting out）することにより二度と安定した援助関係を形成することが困難だからである。

③ 面接料——料金は原則としてとるべきであり、初回面接にてはっきりと金額を決める必要がある。それは料金を払うことにより対等の人間関係もできるし、治療に参加しているといった実感もわき、動機づけも強まるからである。但し生活に困窮している人に対しての例外規定はあった方がよいし、保育や社会福祉の分野の相談は無料なのが一般的である。

④ 秘密保持——面接の中においてクライエントがうちあけた秘密は他にもらしてはならない。秘密保持はクライエントの基本的権利ともいうべきものであり、保育士が守るべき倫理義務でもある。さらに効果的な援助を行うためにも不可欠な条件である。

　場面構成は援助関係の安定度を高める手段として用いられるのであって、けっして目的ではない。場面構成をうまくやれない保育士は、相談援助をよく知らないクライエントに対して、相談をする資格がないともいえよう。

2）受容の技法

「ウム、ウム」とか「なるほど、それで」とかいう受容の態度を含んだところの短い言葉で応答する、表面上はきわめて単純な技法であるが、保育士の許容的・受容的態度や精神をクライエントに伝えていくことは大変むずかしいことでもある。

受容の技法の価値は

① それまでの話題にそって話を続けていくということへの刺激剤として作用する。

② 1つの考えから次の考えへの橋渡しの効果があり、それぞれの話（面接会話の単位）に前進的な感情を与える。

③ 防衛から自己を自由にすることにより、安全感が高まり、少しずつ自己受容できるようになっていく。それに伴い他者受容も可能となっていく。

といったことが考えられる。また、実際に受容の技法を用いる場合は、

④ 面接者の表情とうなずきにより、クライエントの話に真の関心を抱いていることと、誠実さを伝えるようにする。

⑤ 聞き取りにくい小さな声は無関心ではないかと、逆にあまり大きな声は無神経であるとクライエントに受け取られがちである。はっきりした発音で少しゆっくり話すように心がけ、声の調子や抑揚にも注意した方がよい。

⑥ クライエントの方にいくぶん身をのりだすことによって積極性を、くつろいだ姿勢をとることによって友好的な感じを与えるように努めるとよい。

3）反射の技法

感情の反射はクライエントによって表示された中心的な感情と経験を、面接

者が新鮮な言葉で表現し、返す試みである。面接者はクライエントが自己理解ができるように、クライエントの感情や経験を自らが鏡となって映しだすのである。具体的には「あなたは……と考える」「あなたは……と感じる」といった表現の仕方で返すのである。その反射の有効性は

①　反射は基本的には支持的働きをもちクライエントは深く理解されたと感じる。

②　反射は明瞭化と単純化の機能を果たし、自己の状況をより的確に客観化することが可能になり、自己理解を深める。

③　助言や意見を与えない反射の技法によって、クライエントは自分で自分のことが決められるようになる。

④　反射の技法はクライエントに自分の問題は自分自身で責任をとるように感じさせる。

反射は、最初の関係づけがなされた後に、そして、情報提供と解釈の段階が始められる前に用いられる中間的な技法であり、その用い方は

①　いつも最も重要な感情に焦点を合わせ適切なタイミングで反射する。

②　クライエントによって表示された感情の深さと同じレベルで反応すること。

③　クライエントの言ったことの意味に増減を与えないこと。

④　各事態に最も適切な言葉を常に用いて反射すること。

4）　リードの技法

リードとは面接者がクライエントにおよぼす影響、またはクライエントの先に立って考える程度を意味し、「そのことをもっと話して下さい」「それをどう感じました」「最近起った例をあげて下さい」等の質問の形をとることが多い。リードによってクライエントは自分で選んだ話題や示唆された課題を詳しく考え、探求することにより、自分の問題について自覚を高め、後の問題解決へつ

なげていくことが可能となっていく。

　リードの仕方の原則をあげると次のようになる。

①　クライエントの現在の能力や理解のレベルで耐えられるだけのリードをすること。

②　リードの量は話題ごとに変化させること。

③　ラポールが成立するまでは、リードをあまり用いないこと。

5）　沈黙の技法

　面接の中で生じるたった1分の沈黙が5分にも10分にも感じられることがある。沈黙はそれだけで大きな圧力となって援助するものにのしかかる。それは初心者ほどそう感じる傾向があるようである。空白の時間故の恐怖か、クライエントに対して何もしていないといったうしろめたさのためであろうか。しかし、面接者としていかに応答するかといったことと同じくらいに、沈黙についても学ばなければならないのではないだろうか。

　ところで、沈黙はさまざまな意味がこめられて援助関係の中に登場してくる。

①　否定的・拒否的な沈黙。

②　クライエントが特に苦しい感情を経験している印としての沈黙。

③　クライエントがそれ以前の感情表現の疲れから回復しつつある時の沈黙。

④　クライエントが今いったばかりのことについて自分でもう一度考えているために起る沈黙。

⑤　一つの考えが終わりに達し、次に何を言おうかと考えている時の沈黙。

⑥　クライエントが保育士から情報とか解釈を期待し待っているために生ずる沈黙。

これらの沈黙の意味を臨床場面の中で的確に把握し、沈黙を建設的に活用して

いく必要があろう。その技法としての沈黙の価値は

①　保育士の沈黙はクライエントにそれだけ多く話をさせることになり、自分自身の問題に目を向けることになる。その結果、責任をクライエントに集中させる役割を果たす。

②　クライエントの沈黙を受容することによって、クライエントはだまっていても人に好かれることを発見する。

③　沈黙はクライエントが自己の感情により深く透徹することを可能とする。

④　保育士の沈黙は面接の進度をゆるめる。

沈黙に耐えながら、クライエントの動きを待つことの重要さを知れば知るほど、沈黙の技法としての価値とそれを技法として使うことの困難さを理解することができよう。まさに「雄弁は銀、沈黙は金」なのかもしれない。

6）終結の技法

終結の技法は2つに分けて考えることができる。1つは各面接ごとの終結の仕方であり他はケースの終結についてである。

面接の終結にあたり、クライエントがその面接に何も意義を見いだせないようでは困ることである。中途半端な状態で面接を終らせないようにするための一つの方法として、面接時間1時間のうち50分位を中心的な話題、緊急の問題を話し合うことにあて、それ以前の数分間をウォームアップのための時間に、終わりの数分間を面接のまとめにあてることもよいと思われる。一方的に時間が来たからといって打ち切るのではなく、暖かみのある雰囲気の中で、次回面接への動機づけを強めるような形で終結へもっていくことが望ましい。

また、ケースの終結においては、面接の意義を考えながら、クライエントと共に最後の総括的要約をするとよい。そして「面接はこれで終わりにしますが、何かあったらいつでも相談に来て下さい」と言って、フォローアップのた

めの道を開いておくことも重要であろう。⁽⁵⁾

　以上面接の概要について述べたが、児童福祉領域における面接は生活場面面接とも表現することが可能であろう。それは児童福祉の主な現場が施設や保育所であるからでもある。基本的な面接の構造や過程はなんら異なるところはないが、精神（心理）療法が非日常的なかかわり方であるのに対し、生活場面面接は日常性を重視し、日常生活における具体的事件や危機場面への介入をとおして、児童や保護者と日頃から接しているかかわりの深い職員が面接を担当するのである。いわば日常生活場面のもっているプラスの側面を積極的に評価しようとしているのである。このような考え方こそ利用者（子どもや保護者）をトータルにケアすることにつながるものではないだろうか。

【文献】

（1）H.H.Apteker The Dynamics of Casework and Counseling　坪上宏訳「ケースワークとカウンセリング」誠信書房　1964、122頁。

（2）仲村優一 他編「社会福祉実践の方法と技術」有斐閣　1984、119頁。

（3）F.Fromm-Reichmann Principles of Intensive Psychoterapy　阪本健二訳「積極的心理療法」誠信書房　1964、9頁。

（4）木戸幸聖著「面接入門——コミュニケーションの精神医学——」創元社　1971、26〜28頁。

（5）L.M.Brammer and E.L.Shostrom Therapeutic Psychology　対馬忠・岨中達訳「治療心理学」誠信書房　1969、206〜252頁。

（6）福屋武人編「学生のための臨床心理学」 学術図書出版　1985。

（7）米山岳廣編「社会福祉の援助技術」文化書房博文社　1990。

〈**演習 1**〉私はどんなパーソナリティだろうか。20 答法に記入することによって、自己覚知を試みましょう。

<table>
<tr><td colspan="2"></td><td>No.</td></tr>
<tr><td colspan="2"></td><td>調査月日　　年　　月　　日</td></tr>
</table>

氏名		男女	生年月日	年　　　月　　　日生 満　　　歳　　　か月
現住所				
職業	（家族）	学歴	学校　　学年　　卒・在・中 学部　　　　　　　　退	

次に私は……という書きかけの文章が並んでいます。その言葉につづけて、それぞれの文章を完成してください。正しい答、まちがったものはありませんから、心配しないで思ったとおり書いて下さい。

1. 私は＿＿＿＿＿＿＿＿＿＿＿＿＿＿＿＿＿＿＿＿＿＿＿（　・　）
2. 私は＿＿＿＿＿＿＿＿＿＿＿＿＿＿＿＿＿＿＿＿＿＿＿（　・　）
3. 私は＿＿＿＿＿＿＿＿＿＿＿＿＿＿＿＿＿＿＿＿＿＿＿（　・　）
4. 私は＿＿＿＿＿＿＿＿＿＿＿＿＿＿＿＿＿＿＿＿＿＿＿（　・　）
5. 私は＿＿＿＿＿＿＿＿＿＿＿＿＿＿＿＿＿＿＿＿＿＿＿（　・　）
6. 私は＿＿＿＿＿＿＿＿＿＿＿＿＿＿＿＿＿＿＿＿＿＿＿（　・　）
7. 私は＿＿＿＿＿＿＿＿＿＿＿＿＿＿＿＿＿＿＿＿＿＿＿（　・　）
8. 私は＿＿＿＿＿＿＿＿＿＿＿＿＿＿＿＿＿＿＿＿＿＿＿（　・　）
9. 私は＿＿＿＿＿＿＿＿＿＿＿＿＿＿＿＿＿＿＿＿＿＿＿（　・　）
10. 私は＿＿＿＿＿＿＿＿＿＿＿＿＿＿＿＿＿＿＿＿＿＿（　・　）
11. 私は＿＿＿＿＿＿＿＿＿＿＿＿＿＿＿＿＿＿＿＿＿＿（　・　）
12. 私は＿＿＿＿＿＿＿＿＿＿＿＿＿＿＿＿＿＿＿＿＿＿（　・　）
13. 私は＿＿＿＿＿＿＿＿＿＿＿＿＿＿＿＿＿＿＿＿＿＿（　・　）
14. 私は＿＿＿＿＿＿＿＿＿＿＿＿＿＿＿＿＿＿＿＿＿＿（　・　）
15. 私は＿＿＿＿＿＿＿＿＿＿＿＿＿＿＿＿＿＿＿＿＿＿（　・　）
16. 私は＿＿＿＿＿＿＿＿＿＿＿＿＿＿＿＿＿＿＿＿＿＿（　・　）
17. 私は＿＿＿＿＿＿＿＿＿＿＿＿＿＿＿＿＿＿＿＿＿＿（　・　）
18. 私は＿＿＿＿＿＿＿＿＿＿＿＿＿＿＿＿＿＿＿＿＿＿（　・　）
19. 私は＿＿＿＿＿＿＿＿＿＿＿＿＿＿＿＿＿＿＿＿＿＿（　・　）
20. 私は＿＿＿＿＿＿＿＿＿＿＿＿＿＿＿＿＿＿＿＿＿＿（　・　）

次に完成した 20 の文を
　私らしい文章→A、私のよいと思うところを書いた文章→B、私の悪いところを書いた文章→C、以上三つの立場から評価し、A・B・C の記号をカッコ（　）の中へ入れて下さい。二つ入れてもかまいません。

〈演習2〉次のような保護者の発言（質問）は保育の現場でよく聞かれるもの
　　　　です。面接技法を使い応答練習をしてみましょう。

中原章江
船津秋子

　練習のための保護者の発言

①市の乳児健診で、指しゃぶりを指摘されました。歯並びなどに影響するので
　止めさせた方がよいと言われました。どうやったら止めさせられますか。

②市の乳児健診で、ことばの遅れを指摘され、ことばの教室をすすめられまし
　た。行かなくても大丈夫でしょうか。

③うちの子は次の行動に移る時、切りかえが悪く困っています。無理にすすめ
　ようとすると怒ったり、暴れたりします。

④出かける時に暴れて嫌がります。また、道順でも怒り出す時があります。ど
　うしたらよいのでしょうか。

⑤偏食があって、いつも食事の時困っています。

⑥子どもが何をしても「イヤイヤ」で、いうことをきいてくれず、毎日イライ
　ラしています。どう関わったらよいのでしょうか。

第6章　保育士の行う子育て支援の実際

1．保育所における子育て支援

はじめに

　保育士の行う子育て支援については保育所保育指針の第4章に記載されている内容に沿って紹介する。そこで保育所における子育て支援に関する基本的事項をおさえながら、①保育所を利用している保護者に対する子育て支援と②地域の保護者等に対する子育て支援の2つの事例を紹介したい。

（1）保育所を利用している保護者に対する子育て支援
①　事例の概要

　4歳児のクラスにはじゅんちゃんという、かなりやんちゃで乱暴な子どもがいた。そのためクラス内でトラブルが起きると、だいたいその子を中心に問題が起きていると担任は考えていたので、その都度保護者に事情を伝え家庭でのしつけをお願いしてきた。そんなことが続いたある日のこと、その子が顔にあざを作って登園してきた。保護者は登園すると早番の先生に自分から子どもの顔のあざについて「昨夜部屋で転んでぶつけてしまった」と説明して仕事にでかけていった。昼食時その子の隣で食事をしていた保育者がなにげなく「ころんでぶつけて痛かったでしょ」と顔のあざを心配して聞いてみた。すると、少し黙って食事をしながら「お父さんにたたかれた」と言ってきた。驚いた保育者はその場で子どもの言葉を確かめて、すぐに担任へ伝え、担任はマニュアルに沿って施設長へ報告をした。そして、状況を確かめ園から子ども家庭支援センター（子家セン）へ連絡を入れることになった。さっそく、その日の夕方、

子家センの職員が現状確認のため家庭訪問を行った。突然の訪問で驚いた保護者はその通報がどこから入ったのかを確認しようとしたが守秘義務があり教えてもらえなかった。しかし、そのような状況を知っているのは園に違いないと思った父親は翌朝苦情を言いに来た。これにより園と保護者との間に緊張感が生まれ信頼関係が一挙に崩れてしまった。

②　支援の実際

　施設長は子家センへ一報入れたことについては、たとえ一時信頼関係が崩れたとしても、園が子どもの様子をしっかり見ることで虐待の防止につながると考えていた。しかし、このまま登園しなくなると子どもへのリスクが高まるので、家庭との修復も含め園内で連携会議をおこない、保護者との話し合いをていねいに行った。そして、今回の経緯を振り返る中で、保護者の責任だけでなく、園の指導の中に子育て支援という配慮が欠けていたことに気づいたのである。この担任は保育歴が 20 年近くあるベテランの保育士だったため、保護者に対しての話し方が「指導する」という話し方になっていたことを意識できなかった。それより、子どもをたたいたという行為を強く非難していた保育士は、自分の対応にも否があるということに納得がいかなかった。保護者に対してはその都度話してきたので保護者支援はしていると考えていたのだ。

　しかし、個人面談を行う中で、担任から子どものことを言われると、家庭での教育をもっとしっかりするようにという圧力につながっていたことが分かったのである。つまり、母親の中にわが子が園で他の子に迷惑をかけないようにしないといけないという思いが強まり、子どもに対するしつけがより厳しくなっていったのである。しかし、しだいに母親の言葉では効き目がなくなり、父親にもきつく叱るように要求した矢先におきた出来事だということがわかった。

③　考察

　保護者と共に子どもの育ちを喜ぶことが保育そのものであり、その重要性は
どの保育者も知識としては理解している。しかし、現実として保護者との関係
性については多くの保育者たちが苦労をしているという声が多い。今回のトラ
ブルは担任からすると特別な出来事ではなく、なぜ起こったのかも最初は理解
できなかったようだ。園で手に負えない子どもの様子を家庭に伝えることで、
保護者は自分の子育てが否定されたように感じたのである。しかも、ベテラン
保育士の言葉は重く、家庭に対する助言でさえ相当のストレスになってしまっ
たようだ。子どもが集団の中でうまく自己発揮できない原因を子どもや家庭の
責任にすることはどの園でも無意識にやっているので、注意をしなくてはなら
い。これは育児支援に対する考え方を園全体で話し合い、多様な視点で保育を
見直すことも必要になってくる。

　集団性が育ちにくい子がいた時の支援は、まず、保育者が一人で抱え込まな
いように園内で連携をとり、その子の育ちや家庭環境を多様な視点で情報取集
する話し合いが必要になる。そしてそのような園内連携をし、支援の方向性を
確認し、その都度振り返りながら交流することがポイントになる。確かに関係
機関に通報することによって暴力への歯止めにはなっても、その先の子どもの
育ちを支える家庭の育児基盤を作るという点においては根本的な問題解決には
ならないからである。私たちは集団の中で子どもを見るため、そこから外れて
しまう子や発達が緩やかな子どもに対してはネガティブな印象をもち「できな
い」ということが目につきやすくなっている。そこで、集団でのしつけを家庭
に押し付けるという構図が生まれやすいのである。だからこそ、日ごろから子
どもたちの育ちに対して保護者が気づかないようなその子のいい面をたくさん
発見し、記録し、そのことをうれしい情報として伝える必要がある。信頼関係
を構築するのもこうしたやり取りの中から相手の立場に立ってすすめていく必
要がある。

　今回の良かった点は子どもの命が守られることを一番に考えて通報した後、家族との関係が切れないように個人面談をおこなったことである。初めはお互い緊張感があっても、子どもを守ることにもなる。更には、園全体で応援するとともに、話しやすい職員を紹介しながら、保護者のケアを意識して行った点も有効だった。信頼関係ができれば保護者の方から伝える関係も作れるはずである。

　家庭への支援は園が子どもをしっかり見ているということを意識してもらうようにし、相談しやすい関係を構築する必要がある。更には子どもへの対応については保護者の気持ちを聴きながら、一緒に考え、家庭の不安を取り除き、子どもをかわいがることができるようなプラスの情報提供をすることが本来の支援につながるのである。

　クラスの中で自分の居場所が見つからず仲間ともうまくコミュニケーションができずに暴力的になったり強い言葉を使ったりするのも、よく考えると自分の身を守るための攻撃性（表現）とも考えられる。これは子どもだけでなく保護者に対しても同じことがいえるわけで、保護者も含め対等な立場でその声に耳を傾け、気持ちを受け止める連携が必要になる。これは保育所保育指針の中にある「保護者の気持ちを受け止め、相互の信頼関係を基本に、保護者の自己決定を尊重する」ということにもつながる支援となる。

(2) 地域の保護者等に対する子育て支援

① 事例の概要

　ある日突然親の運営していた園を引き継ぐことになった園長は何か特色のある園にしたいと考え、子育て支援に力をいれることにした。さっそく部屋を増築し、地域支援を専門に担当するスタッフを探し、一度リタイヤした保育士をパート職員をとして採用することができた。そしてその人を中心に積極的に子育て支援を進めていった。園庭開放や、育児相談、インストラクターを呼んで

のベビーマッサージ、ヨガなどのイベントは人気を博し、園行事への招待、情報誌の発行など順調に事業が進み、利用者も増えていった。しかし、毎回多くの親子が利用するようになったそんなある日のこと、イベントに参加した人からもらうアンケートの中に「園の雰囲気がよくない」という感想が入っていた。驚いた園長はその理由を知るために子育て支援を行った後、茶話会を開いて参加者と話をしてみた。そして、何度かその会を開くうちに、担当している保育者と園の職員との連携がないためだということがわかった。つまり、保育者たちの理解が得られないままに、園長がどんどん進めていった育児支援に対して、保育者たちは必ずしも快くは思っていなかったのである。そのため外から園に遊びに来た人達に対し、保育者や子どもたちがほとんど関心を示さず、挨拶もあまりていねいにしてくれないという状況になり、園全体の雰囲気から「歓迎されている」ということを感じることができないというのがその理由だった。つまりトップと現場の保育たちとのコミュニケーションがうまくとれないことまでが、外からやってくる地域の人達には敏感に伝わったのだった。

②　支援の実際

　2代目の園長は保育の世界に突然入り、よくわからないまま引き継いだわけだが、いろいろと研修を受ける中で、子育て支援の重要性に気づいていった。それは、税金で運営している保育所の公的責任としても、利用している子どもだけでなく、地域の子育てに対する支援も保育であり、この先もっと必要になるだろうと考えたからだった。そして、施設を増築し、担当の保育士を採用し、様々なイベントを展開し順調なスタートを切ることができたわけであるが、そんな最中に飛び込んできた「園の雰囲気がよくない」という利用者の声にその園長が大きな衝撃を受けたことは言うまでもなく理解できる。その時にこの園長がとった問題解決の方法は非常に適切だった。それは、利用者との茶話会を開きながらその声を聴くという時間を持ったことだ。これは、原因追及

に対して非常に有効な手段であり、ここからわかった理由が、園長が中心になって進めていた子育て支援への切り替えに対して、園長が来る前から働いていたベテラン保育士たちが納得していなかったからである。保育者たち中には「余分な仕事が増えた」というネガティブな気持ちを持った人もいたのだった。

　そこで、改めてその必要性を訴え、目の前の園の子どもたちも地域の中で生きていかなくてはならないことや、散歩に行くときも地域を利用していることなど、保育の延長上に子育て支援があるので、できそうなところからやって欲しいということを訴えたのだった。そして、地域から親子が来たり、こちらから出かけたりする時には保育者の方から積極的にかかわりを持つように理解を求めた。園長に言われたので仕方なく挨拶から始めた保育者たちだったが、その変化に真っ先に気づいたのは子どもたちで、散歩途中で地域の人に会ったり公園で遊んだりしている親子に対しても、子どもの方から挨拶をし、上手にかかわるようになっていったのである。こうした保育を通したつながりが、地域で子どもたちと触れ合う機会が少なくなった子育て中の親子にとっては何よりの安心材料になるということも考えたい。同時にこうした取り組みは園にとっても無理のない育児支援のスタイルとして、歓迎された。この園はその後、園内の子育て支援のイベントには園児も一緒に参加できるようにし、クラス保育にも地域の親子を招待するということまでやるようになっていった。利用者も同年齢の他の子どもの育ちがわかったり、優しく声をかけてくれる園児との交流はとても自然に行われ、園全体の同僚性も高まっていった。

③　考察

　保育所保育指針には「保育に支障がない限りにおいて、地域の実情や当該保育所の体制等を踏まえ、地域の保護者等に対して、保育所保育の専門性を生かした子育て支援を積極的に行うよう努めること」という文言は、どうかすると消極的な育児支援につながる恐れもあるが、こうして園全体で育児支援をしよ

うという動きにつながったことで、地域との交流はもとより、園児たちの人間
関係も広げる可能性が見えた事例でもある。

　当初、園長は自分が考えている構想を職員たちがよく理解しないまま、子育
て支援担当のパート保育士を雇用し、どんどん育児支援を展開していったが、
その光景にある意味、職員たちが反感を持って無関心な態度をとっていたので
はないかとも考えられる。さらには新しく雇用したパート保育士もその仕事内
容から、他の職員との交流がほとんどなく、会議にも出席していなかったため
意思の疎通が欠けていたのも確かである。保育は生活でもあるため、掃除や当
番、行事準備、他クラスとの交流など、日々多くの連携が必要であり、その園
の理念に沿った価値観の共有や意思の疎通がなにより重要である。今回、職員
たちの意識が変わり園全体で子育て支援をしていこうという方向へ向いたわけ
であるが、改めてトップの気づきとリーダーシップ、マネジメントの能力が求
められていることを示している。

　更には育児支援をイベントにするのではなく、日常保育とつなげ、園のもっ
ている専門的機能を地域に開放しながら行う子育て支援は、子ども同士もつな
がっていくこともできるので利用者にとっても園が心地よい居場所へと変化し
てくのである。一時、各園が実施する子育て支援のイベントに対して情報をキ
ャッチし、ジプシーのように渡り歩くという利用をする人が増えたが、園の機
能をみんなで意識しそれを生かす支援は利用者の安心感を産み、園の保育の質
をあげることにもつながるのである。

　園のチームワーク（同僚性）はマニュアルをそろえても高まっていかない。
しかし、外部の人たちはもちろん、目の前の子どもたちにも保護者にも非常に
大きな影響力を持っていて、そこが保育の基本にもなっている。つまり、その
園の民主的で温かい雰囲気づくりが子育て支援を行うことでさらに強化され、
その機能が地域に開かれていくプロセスに大きな意味があることを理解して欲
しい。

２．地域の子育て家庭への支援

（1）社会的養護施設に求められる家庭支援

① 国の「新しい社会的養育ビジョン」が示していること

　厚労省（2017）は「新たな社会的養育の在り方に関する検討会」において「新しい社会的養育ビジョン（以下「新ビジョン」)」を発出した。「新ビジョン」は、社会的養護施設を中心とした社会的養育のありかたの変革と児童相談所及び一時保護所の機能強化等をその中心的な課題としている。社会的養護体制の中核を担っていた児童養護施設は「新ビジョン」では、入所期間を「学童期以降は１年以内とする。また特別なケアが必要な学童期以降の子どもであっても３年以内を原則とする」と示している。しかし、子どもを１年ないしは３年以内分離して支援をしても、家庭の養育能力が向上することは可能であろうか。施設の退所先が、実親であろうが里親であろうが、短期間での施設の退所が前提とするのであれば、地域に子どもや家庭を支える「インフラ」が必要になってくる。

　全国児童養護施設協議会（2019）（以下全養協）は、「行き場を失う子どもたちを生まないように、子どもたちの様々な受け皿・生活の場を選択肢として用意する必要がある」として、「地域で在宅支援の対象となっている要保護・要支援児童とその家族の支援においてもその機能は有効に活用でき、市区町村レベルにおける地域支援の大きな力となりえる」と主張する。具体的には、①要保護児童等予防的支援機能、②一時保護機能、③フォスタリング機能、④交流活動機能、⑤専門的支援機能、⑥親子関係支援機能、⑦アフターケア機能を挙げている。

　全養協の対象としている層（ターゲット）は、児童養護施設に入所しているいわゆる要保護家庭（児童福祉法では、『保護者のない児童または保護者に監護させることが不適当であると認められる児童』、『保護者の著しい無理解また

は無関心のために放任されている児童』や『不良行為をなし、またはなす恐れ
のある児童』）である。それら要保護家庭に対しての予防的に対応することが
主眼であるとする。

② 　母子生活支援施設が求められている地域支援の機能

　「新ビジョン」で、母子生活支援施設の機能と役割に関する部分のみを以下
に概観する。「特定妊婦のケアの在り方」[注] の項に「妊娠期から出産後の母子
を継続的に支援する社会的養護体制（在宅支援、乳児院、サテライト型母子生
活支援施設、産前産後母子ホーム、里親、民間養子縁組機関との連携、出産後
のケア等）などの整備が必要である」と述べられている。なお、この「サテラ
イト型母子生活支援施設」とは、早期に自立が見込まれる者について、地域の
中の住宅地などに小規模分園型（サテライト型）施設を設置し、本体施設と十
分な連携の下、自立生活の支援を行うための施設のことである。

　また、「代替養育を担う児童福祉施設の在り方」の項では、「貧困やひとり親
家庭の増加や特定妊婦の増加などから、代替養育に準ずる形として、母子や父
子で入所できる施設体系も求められる。乳児院や母子生活支援施設が担った
り、他の法人が担うこともできるような体系が構築され、地域に開かれた生活
単位となる必要がある。そのような体系を構築する施策プランを早急に提示す
べきである。

　なお、現行の母子生活支援施設は DV からの保護が重要な役目となり、その
結果、それ以外の母子の入所が制限されるなどの問題も生じている。母子生活
支援施設は、地域に開かれた施設として、妊娠期から産前産後のケアや親への
ペアレンティング教育や親子関係再構築など専門的なケアを提供できるなど多
様なニーズに対応できる機関となることが求められる」と述べている。

　さらに「代替養育」の項では「母子生活支援施設に関し、地域に開かれた施
設と DV 対応の閉鎖した施設の区分を明確にして混在しない在り方を提示」と

述べている。この「新ビジョン」では、主に日本における代替的養育の根本的見直しと、児童相談所（特に一時保護所）の改革及び永続的解決（パーマネンシー保障）としての特別養子縁組の推進が主な論点になっている。その中で、従来母子保健の分野で進められてきた「妊娠期から産前産後のケアや親へのペアレンティング教育や親子関係再構築など専門的なケアを提供できるなど多様なニーズに対応できる機関」として、母子生活支援施設は期待されている。つまり、貧困やひとり親家庭などに対して、地域に開かれた機関として、施設機能を開放し、親子関係再構築など専門的なケアを提供することを求めているのである。以下に地域支援のひとつの形として無料塾の実践を示す。

（2）地域の「新しいインフラ」としての無料塾の可能性

「新ビジョン」は、その支援について児童養護施設等の入所期間を「学童期以降は1年以内」、また「特別なケアが必要な学童期以降の子どもであっても3年以内を原則」とする以上、要保護家庭を地域で支える仕組みが必要である。思春期の子どもと家族の葛藤に関わるインフラのひとつとして、ソーシャルワーク機能を持つ無料塾が、児童相談所の児童養護施設からの措置解除後や母子生活支援施設の契約解除後の協働先になる可能性があると考えている。さらに、社会的養護施設が持っている家庭支援機能を地域に還元することが求められている。児童養護施設が、今後早期家庭復帰や里親委託が増えていくことを考えると、児童養護施設や中学校区に一か所程度、後述する家庭支援のソーシャルワーク機能を持つ無料学習塾を運営することで、施設機能が向上することが期待される。

① 母子生活支援施設の施設機能の地域展開──ふたつの無料塾の開講──

母子生活支援施設リフレここのえでは、概ね2年の入所期間である。退所後、施設の近所に住む世帯も多く、幼児だった子が小学生になり、小学生だっ

た子が中学生になり、家族状況は変化する。そうなると学力が振るわない、不登校になってしまったなどの相談が寄せられるようになった。電話や訪問し、話を聞いたり他機関につないだりはしてきた。しかし、子どもに対して何かしてあげられる手立てというものがなく、歯がゆい思いをしてきた。そこで、無料塾「オリーブ八王子」を一年の準備期間を経て、開講した。現在施設を退所した小学 4 年生から高校生まで約 50 人が通ってきている。さらに、この施設内に設置した無料塾を参考にして、地域の家族を対象に 2009（平成 21）年に無料塾「オリーブみらい」を開講した。

②　「家庭支援」を目的とした無料塾

　ライフステージの中で家族が危機を迎える（他人の手が必要な時期）のは 3 つあると考える。それは、①乳幼児期、②思春期、③老年期である。思春期に対応するのがまさしくこの無料塾なのである。親子のコンフリクト（葛藤）が生じやすい時期に、思春期を家族と一緒に乗り越えていくインフラである。そのため三者面談、家庭訪問を義務付けており、「塾」と標ぼうしているが、家族支援のソーシャルワークも業務の重要な要素である。

　母子生活支援施設では、既に他の施設で無料塾の先行事例があった。その施設に見学をした時に、無料塾の目的は、「高校中退を出さないこと。中退すると、学歴は中卒になり、貧困の再生産になってしまう。そのことを防がなければならない」また、「子どもは小学校の高学年くらいになると自分の家の経済状態がなんとなくわかって、金銭的に進学が難しいとわかると、進学をあきらめてしまう」という話があった。家の経済状態で子どもが自分の将来をあきらめてしまうというのである。また、被虐待児は、今自分の周囲におこっている暴力やネグレクトの状況にどのように対応するかに全神経をすり減らしている。したがって、自分の将来や夢など考えられない状況にある。いわゆる「縮小された未来」と表現されることと符合していることがわかった。したがっ

て、無料塾は、不適切な環境から学んでしまった子どもの気持ちを変換させ、子どもが夢を持ち、それを実現する場所であるということがわかった。

　施設を退所してから、中学校を転校した、中2の子は不登校になった。理由はいじめである。母親から相談があり、無料塾に通うようになった。塾長は元々施設内学童保育の職員が兼務しているので、顔見知りであり、子どもが緊張するようなことはない。塾には途中で「おにぎりタイム」がある。他の中学生との語らいや塾長との話の中で、「クラス全員と仲良くならなくてもいい」など言われ気持ちが楽になった。中3になった時に、ぽつぽつ登校をはじめた。

　無料塾の小学生の部は、楽しく通ってくることで十分である。中学生の部では中3の子が、面接の話や内申点のことなどを話すと、それを中1・2年生の子も聞いている。これがとても大切なのである。真剣に先輩たちが取り組む姿は自分の数年後の姿である。大学生のボランティアは、子ども達に勉強の意味を教えてくれる。すなわち、大学生たちは無料塾の講師をすることで、勉強への努力が自分の将来につながるということを実践し、体現しているのである。

③　子どもが家の鍵を開けてくれる（家庭訪問『アウトリーチ』でわかること）

　無料塾では、子どもと家族と職員とで入塾の契約をする。その時に家庭訪問と三者面談の了解をとる。しばらくして職員が家庭訪問に赴くがだいたいが歓迎してくれる。無料塾で子どもと職員とがある程度の関係性が出来てきているからである。

　家庭訪問ではどんなことがわかるのだろうか。家庭は衣食住の基本を担う場所である。家庭の中にはいろんな情報がある。家庭訪問すると様々なことがわかる。整理整頓されているか、台所の流しはどうなっているか、食事は誰が作っているか、リビングで座る位置から家族間の力関係はどうなっているか。きょうだい間の関係、介護をする家族の存在など、この家族がどういう価値観を

持って生活しているかがアセスメントできる機会である。例えば、子どもの机
があるかどうか。学校のプリントが部屋に落ちているか、貼ってあるか等、教
育に対する親の関心がどれくらいかがわかることがある。家庭生活に入ること
で、「ニーズ・アセスメント（食事環境、教育環境、衛生環境等、家庭生活全
般の中でどんな支援を必要としているか）」ができることが家庭訪問の目的で
ある。子どもや家庭のニーズが理解できると、支援の方向性が明確になる。さ
らに、ニーズ・アセスメントができたところで、ソーシャルワーカーが関係機
関への働きかけができる。そのニーズ・アセスメントをするにあたり、注意す
べきは「親役割」としての考え方ではなく、「機能」で考える。親として「当
然やるべき」と考えずに、親としての機能のどこが不適合になっているのかを
分析することで支援の方向性が見えてくる（福島喜代子 2019）。

　塾の職員が初めて家庭訪問に行った。古い公営住宅の２階に住んでいる
のだが、階段を上がる前から猫のフンのにおいが鼻をついた。母子家庭で４
人の子どもが住んでいる。玄関は足の踏み場がなかった。出されたお茶も手
をつけるのをどうしようかと考えるくらいだった。テレビがある部屋の一番
よく見える場所に高校生の年齢になる長男がいた。中学生の年齢の女の子が
１人、残りの２人は小学生の年齢である。子どもたちは全員不登校だった。
母親と話をしていると、そもそもこの家族には「学校に行く」という「文
化」がないことがわかった。中学３年の年齢になる女の子が高校に行きた
いと言い出したところから塾との付き合いが始まった。職員はまず何をした
か。ゴミ屋敷のようになっているところから、すでに誰の為に買ったかはわ
からない机の「発掘」にかかったのである。

（3）地域の家庭を対象にした無料塾

「オリーブみらい」の世帯の状況は、ひとり親家庭、生活保護受給家庭、保
護者が外国籍の家庭、多子世帯などである。家庭が抱えている課題は、不登

校、発達障害、学習の遅れ、保護者の精神疾患など多岐にわたる。また、それ
ぞれの家庭が複数の課題を抱えている。いくつかの事例を紹介する。

①事例1　親が精神疾患を持つ子ども

　母親は精神疾患を持ち、精神的に不安定になると身体的にも不調になり入院
を繰り返していた。母子で母子生活支援施設に一時期入所したり、母親が入院
すると子どもは児童養護施設に入所していた時期があった。

　「今日はお母さんが心配だから塾をお休みします」と中2の男子から電話
が入った。詳しく子どもに聞いてみると、朝方まで母親の話を聞いていたと
のこと。母親は、統合失調症で不調になると、母親が育った実母との葛藤の
日々を延々と子どもに話すのである。塾の職員が家庭訪問をして、母親と子
どもに会いに行った。母親と子どもには、「これからはお母さんの話は、大
人が聞きますよ」と伝えた。その後塾には母親から、「子どもが言うことを
きかない。自分は子どもの時には自分のしたいことなど言ったことはない。
だから、子どもがわがままを言うなどよくわからない」と電話がかかってく
る。職員はできる限り母親の気持ちを傾聴した。子どもは、休みがちだった
地域の学校では、友人ともなじめなくなっていたが、不登校児童対象の学校
に自分から行くと言い、少しづつ通いだした。

②事例2　家族間の葛藤を抱えた子ども1

　はじめは、母親と祖父母と中学1年生の女の子で住んでいた。しかし、母
親と祖父母の折り合いが悪く、母親は子どもを連れて県外に引っ越した。子ど
もは、新しい学校になじめず不登校になり、母親のもとを去って祖父母宅に戻
ってきた。行く学校がなくて、祖父母は子ども家庭支援センターに相談に行
き、子ども家庭支援センターから当面の間塾に通わせてほしいと依頼があっ
た。

　「お母さんと、おじいちゃんおばあちゃんのけんかは毎日だった。それを
みるのはつらかった。お母さんの言うとおりに家（祖父母宅）を出たけど、
新しい学校ではなじめなかった。クラスはすでに仲いいグループが出来てい
て居場所はなかった。お母さんはいつも不機嫌で、こうなったのはおじいち
ゃんとおばあちゃんのせいだといつも言っていた。私はただ、いままで通っ
ていた友達のいる学校に行きたかっただけ」　母親は、子どもが自分の意思
で家を出て行ったことがショックだった。何としても自分のもとに戻したか
った。祖父母のそばの学校への転校を母親は自分が親権者であることを盾に
頑として認めなかった。仕方がないので祖父母は親権を巡って争うことにな
った。

③事例３　家族間の葛藤を抱えた子ども２

　中学３年生の男の子の父母は、小学校の頃に離婚していた。母親に引き取
られたが、母親はアルコール依存で、時に自殺企図をした。中学１年の時は
児相に一時保護をされたこともあった。

　「お母さんは、お父さんと離婚してからは、お酒の量が増えた。昼間は寝
ていることが多くて、ごはんは学校の給食が唯一のまともな食事だった。お
母さんと顔を合わせると、ボクはいつもケンカになったので、学校には行っ
ていた。こんな生活に耐えられなくなっておじいちゃんのところに行った。
その状況を知った父が親権の変更の調停を裁判所に申し立てた」

　父母の離婚や親族間のいさかいなど、家族間の葛藤に巻き込まれ、子どもが
本来この時期に経験すべき友人との交流や遊び、学校での学習、部活動での体
験活動などが喪失する。親が抱えている課題は当然支援の対象であるが、子ど
もにとっては一日、一か月、一年がとても大事な時である。事例１は、母親が
娘を取り戻そうとして、調停が長引き子どもは学校に通えず、ようやく受験前
になって転校が実現した。その間、塾の職員は、本人の気持ちの聞き取りや弁

護士、祖父母との調整をした。また、学校に通えない期間には塾で補習をした。さらに、原籍校の中学校の協力を得て、塾に通っている期間を出席扱いにしてもらい、高校に進学したのである。

（4）「子どもらしさ」を表出できる環境をつくりだすために

　子どもらしさとはなんだろうか。一般的には「かわいい、元気、活発」などで表現されるだろう。時には「甘える、ぐずる、わがままを言う」などもあるだろう。しかし、それを表現するには、親が子どもの気持ちを受け止められる状況になければ無理なことである。子どもが物心ついた頃には、親は離婚していたり、病んでいたり、お金がなかったり、親族間での争いが起こっていたり、とても子どもの気持ちを受け止める状況になかったりする。社会的養護施設の子どもたちが、早い時期に親の状況を見聞きして、「子どもが子どもでいられない」のは、このような理由である。地域で生活する何らかの家族間の葛藤を抱えた家族は、周囲に気付かれないまま、そのしわよせを子どもが一身に受けていることもある。この無料塾は、それゆえ家庭支援を目的にしており、学力不振・不登校など子どもが表出している家族の葛藤は「事象」であり、その背景に支援をしなければ、子どもの「教育権」にたどり着かないのである。

　社会的養護施設を運営する法人がこの無料塾を運営するメリットは、職員がある程度、幼児から思春期までの子どもの養育に慣れていること。また要保護・要支援家庭の親対応を常時行っていること。さらに、児童相談所や子ども家庭支援センターとの連携や要保護児童対策地域協議会に入っていることなどから、地域のネットワークの中にあることなどでスムーズに機関連携ができることである。

【参考文献】

（1）福島喜代子「社会福祉における家族システムの理解とソーシャルワーカー等
　　による支援のポイント」『月間福祉』102(6)，2019 年、20-27 頁。

（2）プルスアルハ「ぼくのせいかも──お母さんがうつ病になったの──」ゆま
　　に書房、2012 年。

（3）児童養護施設のあり方に関する特別委員会編（2019）「今後の児童養護施設
　　に求められるもの第 1 次報告書」全国児童養護施設協議会。

（4）厚労省「新しい社会的養育ビジョン」(file:///D:/ 新しい社会的養育ビジョ
　　ン.pdf,2018.9.21)、2017 年。

3．障害児とその家庭への支援

（1）子どもと家族の状況　―事例の提示―

　父親（46歳）、母親（44歳）、長女（6歳）、本児長男（3歳）の4人家族。長男は、乳児期はよく眠り、手がかからなかった。運動面での発達の遅れは感じなかったが、視線が合わず、母は気になっていた。

　1歳半健診にて、言葉が出ていない為、A病院を紹介された。A病院では検査はせずに様子を見ましょうとの判断であった。

　2歳時、B病院を紹介され、診察を受けた。母の生活面での悩みの聞き取りがあった。2歳9か月時、B病院の親子プログラムに通い始めた。プログラムの会場に入ることが出来ず、暴れてしまうことがあった。日常生活においては、食事時は座っていることが出来ず、母親が追いかけて与えていた。手づかみで一気に口に詰め込むことが多く、偏食が見られた。排泄は紙おむつを使用し、排泄を周囲へ知らせることはなかった。また、激しい癇癪が見られた。その頃、言語発達遅滞、自閉症スペクトラムと診断された。

　3歳時より、児童発達支援センターへ通い始める。

（2）児童発達支援センターにおける子どもへの支援の経過

　児童発達支援では、療育室へ入室することを頑なに拒否した。療育者が無理に入室させると、大声で叫ぶ、頭を床や療育者へ強く打ち付ける等の症状が見られ、プログラムへの参加を拒否した。

　本人が気に入った玩具が存在することを突き止め、その玩具を持たせて入室を促したところ、入室することができた。

　しかし、プログラム以外の、眼に入ったものへ執着し、執着するもの以外へのいざないには強い抵抗を示した。しかし、一方、ひとつの物事への執着は短時間であり、執着の対象が次々と変わっていった。

　臨床心理士の助言を得、本人の興味や意欲を大切にし、本人のペースをある
程度許容することとした。本人のやりたいことにまずは取り組ませ、極力制止
しない対応をした。すると、やりたいことができて満足し、その後は着席でき
るようになってきた。

　着席できるようになると、周囲への視野が広がり、他児の課題への取り組み
が目に入るようになり、他児と同様の課題へ取り組めることができるようにな
ってきた。

　生活の流れの中で次の行動を見通すことが難しく、勘違いや不安から情緒が
乱れることが多かったため、視覚的情報提供（プログラムの写真提示・トイレ
写真、トランポリン写真、散歩写真、お弁当写真、音楽楽器写真等）を始めた
ところ、拒否無く、また、機嫌よく取り組めることが増えてきた。また、視覚
的情報提供の後には、参加の意思をハイタッチで示してもらえるように支援し
た。

　当初、特定の一人の職員への執着を示し、その職員としか、かかわることが
なかった。本人のニーズを受容し、その職員が常にかかわることとした。

　半年ほど経過すると、徐々に他の職員とかかわることができるようになって
きた。1 年ほど経過すると、周囲のお子さんとのかかわりができ、広がってき
た。

　その頃には、興味が次々と変わることは無くなり、一つの課題に長時間集中
して取り組むことができるようになってきた。

　周囲へ要求を示すゼスチャーを提示したとところ、すぐに習得した。要求を
実現し、そのことに喜びを示すようになった。家庭でも要求のゼスチャーを使
用することができるようになった。

　このことにより家庭で癇癪を起こすことが減り、安定して過ごすことができ
るようになってきた。

(3) 児童発達支援センターにおける家庭への支援の経過

当初、母親は当児童が、他児童に比べて出来ることが少ないこと、理解できることが少ないこと、拒否的態度が多く、癇癪が激しいことに傷つき、精神的に追い込まれている状態であった。そこで児童発達支援Cでは、母親の傷ついた感情、不安な感情を受け止めることに留意し対応した。また、児童発達支援Cに通い、ご家庭と児童発達支援Cで力を合わせていけば、成長につながり、今のような状態を乗り越えていけるはずであると励ました。

また、療育の場で当該児童に対して有効であったかかわりや、当該児童が示す言語によらないサインの意味を母親へ伝え、母親が家庭で上手く対応できた話を引き出し、褒めることで、母親に自信を持っていただき、育児への意欲が増すよう支援した。

また、当該児童は家庭で余暇の時間に何をしてよいかわからず、癇癪を起し、母親の精神的負担となっていたため、家庭での余暇の過ごし方などにもアドバイスをした。

(4) 考察

「自閉症児が示す広範な領域での学習障害や不適応行動など、種々の発達障害に関する困難な問題の多くは、彼らの周囲で交わされることばや、起きる出来事や、取り決められている約束事などの意味が理解できないで、混乱していることに由来している。[1]」

本児は、児童発達支援センターに通う意味、療育室に入る意味、与えられる課題が理解できないで、当初、混乱していたと推察される。

気に入った玩具の所持、理解できない課題を押し付けない対応、特定の職員による対応は、本児の混乱を軽減させることに役立ったのではないだろうか。また、まず混乱を軽減させることに重点を置き、混乱を軽減させたことにより、次の課題へ興味を向ける精神的余裕を生じさせることへつながったのでは

ないだろうか。

　「言葉の遅れのある子どもは、言葉を使えないだけで、理解力がないわけではありません。言葉で何度言い聞かせても覚えられないことが、イラストや写真を見せながら説明すると、とたんに理解できる場合があります。[(2)]」

　本児に対して視覚的情報提供をしたことは、本児の物事への理解を進めるうえで有効だったと思われる。

　「コミュニケーション・スキルを指導するに当たって最も重要な視点は、自閉症の人たちが習得したスキルを実際の日常生活場面で自発的に応用して、その結果に喜びを感じるということである。[(3)]」

　本児に要求ゼスチャーを提示し、本児が日常生活場面で使用でき、結果に喜びを感じることができるようになったことが、癲癇の無い、安定した日常につながったのではないだろうか。

4．特別な配慮を要する子どもと家庭への支援

（1）子どもと家族の状況　―事例の提示―

　父親（46歳）、母親（45歳）、長女（4才2か月）、長男（2歳）の4人家族。長女は出生時には障害に気が付かなかった。11か月時に、眼球の揺れが見られたためC病院を受診し、MRIをとった。細胞小器官の異常により、乳幼児期から精神運動発達遅延、退行を起こす病気であると診断された。

　その後、座位を保つことが難しくなった。1才時より、C病院の親子プログラムに月2回通うようになった。

　3才7か月時より、医療型児童発達支援事業所へ通うようになった。

　4才2か月時、転居し、新たな通所先を探し、福祉型児童発達支援センターを紹介され、通うこととなった。

　その時点の生活状況を下記に記す。

食事は刻み食を全介助にて召し上がっていた。排泄はオムツを使用していた。

衣類の着脱は全介助ではあるが、たまに、腰を上げる等の協力動作を示すことがあった。歩行、座位保持は困難で特注の車椅子を使用していた。また、手足を自らの意思で動かすことが難しく見受けられた。言語を発すること、意思表示は難しく、保護者や療育者が表情から読み取るようにしていた。

人見知りが激しく、福祉型児童発達支援へ通い始めた当初は大半を泣いて過ごしていた。母親が迎えに来ると笑顔が見られた。

(2) 児童発達支援センターにおける子どもへの支援の経過

食事摂取時、咀嚼せず、食物をのどに落とし込み摂取していた。むせることが多かったため、作業療法士とともに、食形態や提供方法の検討を始めた。嚥下機能の獲得を目指すことにより、むせずに食事をとることができることを目指すこととした。

当初、座位背筋仰向け80度にて食事介助をしていた。その角度では、のどに食物を落とし込んでしまうため、背筋仰向け40度にて食事介助をした。その結果、上あごと舌を使い、食事を自ら飲み込む動作ができるようになり、むせることはなくなった。

視線が定まらない傾向が見られた。目の機能の向上を目指すこととした。まず、座位保持椅子を使用し、体幹を安定させたうえで、職員は本人の視線の先で関わることを心がけた。課題に取り組む前には視覚的情報提供をし、本人とアイコンタクトをとる対応をした。次第に視線が定まるようになってきた。

次に、視線を意思表示ツールとして活用できないかと考え、遊び道具の写真を2つ並べて提示し、視線で選択の意思を示すことができるよう取り組んだ。次第に視線による意思表示が身に付き、家庭でも洋服を選ぶことができるようになった。

　また、視線が定まるようになると、絵本やパネルシアターに興味を示すようになった。職員が意図をして絵本の読み聞かせやパネルシアターのプログラムを増やすこととした。当人の表情が良くなり、ストーリーを理解していることが推察できるようになった。

　手先の機能の発達を促すため、板に、ビーズを通したゴムひもを張りつけ、ゴムを握らせ、ゴムを離すとビーズが音を立てる遊具を作成した。当初は、職員が介助し、繰り返し行った。次第に音への期待が見られるようになり、自らゴムを握り、離し、音を立てることができるようになっていった。

　本人の有能感につながったようで、大変喜び、意欲的に取り組めるようになった。3ヶ月経過するころには、1日の流れを理解できるようになった。

　結果として泣くことは無くなり、安定し楽しんで過ごすことができるようになった。

(3) 児童発達支援センターにおける家庭への支援の経過

　当初、母親は「こんな体に産んでしまって。」「私のせいでこの子を苦しめてしまっている。」と自分を責め、憔悴した様子であった。

　職員は、母親へ自分を責める必要はないこと、当該児童はかけがえのない大切な存在であることを伝え、また、当該児童のかわいいところ、愛らしいところ、出来ることを伝え、当該児童へ前向きに接することができるよう励ました。

　療育の場において、絵本やパネルシアターに興味を示したことを母親へ伝えると、母親はご家庭でも絵本の読み聞かせやパネルシアターに取り組まれた。

　母親の読み聞かせに当該児童が笑顔をみせてくれたことを母親が、職員に嬉しそうに伝えてくれることがあり、当該児童への愛着と育児への意欲が増していることが推察された。

（4）考察

「摂食時の姿勢は基本的に仰臥位ではなく、体を起こした状態のほうがよいということです。具体的には体幹を床面に対して 45°くらいまで起こしてあげれば能動的な食物処理や嚥下がしやすくなります。[4]」

摂食時の体幹角度を調節したことは、先人の知見にかなっていたといえる。

当初、本人が物事をどれだけ理解しているか推察できなかったが、視線を定める支援から、絵本読み聞かせ、パネルシアターの提供により、本人がストーリーをある程度理解できると推察できるようになった。ストーリーを楽しめることにより、本人の精神生活が豊かになり、安定した日常へとつながったと推察される。

【参考文献】

（1） 佐々木正美『自閉症療育ハンドブック』1993 年　60 頁。

（2） 佐々木正美『自閉症のすべてがわかる本』 1995 年　65 頁。

（3） 佐々木正美　前掲書　1993 年　202 頁。

（4） 金子芳洋、向井美恵、尾本和彦『食べる機能の障害』1987 年　92 頁。

5．児童養護施設における要保護児童等の家庭に対する支援

（1）事例の概要

　Aは小学3年生の女児であり、父は28歳、母は29歳の3人家族。母には、被虐待による精神的な不安定さがあり、Aが3歳の時に近隣から地域の子ども家庭支援センターにネグレクトの通告が入ったが、父親がよく子を可愛がる姿が見られたこともあり支援は終結となった。

　入所の契機となったのはAが6歳の時、警察の身柄通告によるものである。父親が違法薬物所持により逮捕され、そのことで母が自殺を図り措置入院、養育者不在のために施設入所となった。入所前のAは両親の夫婦喧嘩や母の不安定さを目の当たりにした生活を送ってきた。生活にも困窮し一時は車での生活を余儀なくされ、本児自身も万引きをして過ごしたことや夫婦喧嘩が絶えなかったことが本人の口から語られた。父方の祖父母は他界している。母はひとり親家庭で育ち、生活保護受給中の祖母に虐げられて育ったことで関係が悪い。母方叔父も単身での生活を営んでいるため、親族からのサポートを受けることは困難な状況であり、本児の養育が望めず施設入所となった。母はその後退院し単身での生活をした後、仮出所し仕事を見つけて就職した父と共に生活を再開し本児の家庭復帰を希望した。

　本ケースは入所4年後に家庭復帰を行なったケースである。以下、施設入所をした児童の家庭復帰の過程を通して、要保護児童の家庭に対する支援を見ていきたい。「要保護児童」とは「保護者のいない児童又は保護者に看護させることが不適応であると認められる児童」のことをいう（児童福祉法第6条の3第8項）。また児童養護施設とは「保護者のいない児童、虐待されている児童、その他環境上養護を要する児童を入所させて、これを養護し、あわせて退所した者に対する相談その他の自立のための援助を行うことを目的とする施設」である。（児童福祉法第41条）2歳から18歳までの児童が生活をし、保

育士や児童指導員などのケアーワーカーや家庭支援専門相談員などのソーシャルワーカーの他に心理士、医師など多様な専門職によるチームケアを実施している施設である。

(2) 支援の実際

　Aは入所当初はあどけない表情の残る可愛らしい子であったが、どこか大人びた雰囲気と大人の顔色をうかがう姿があった。幼児期には目立った問題はなく、時折言葉の悪さが出ていたものの活発で明るく他児とも仲良く遊べていた。衣食住の安定した施設生活の中で、Aはのびのびと子どもらしさを育むことができていた。自分の気持ちを言葉にすることが苦手であったため、施設内では心理士による定期的なセラピーを実施し、また生活の中でも思いを言語化できるように職員が支援を行なった。1年生になると学習面での遅れも見られたためAのペースでの学習支援や個別学習を行ったところ成績の向上が見られた。苦手意識のあった学習も本児なりに頑張って取り組むことができた。年を増すごとに大人に自然と甘えられる姿も増えていった。

　入所後暫くして児童相談所を通して母から手紙が届くようになった。Aを思う優しい内容の手紙であった。父は出所後、保護司の支援もあり薬物防止のプログラムに参加、その後就労先を確保した。父からも手紙が届いた。夫婦二人の生活にも安定が見られることもあり児童福祉司による本人への意思確認の後、交流を開始した。初回の面会が行われることをAに伝えると落ち着かない様子が見られた。当日は緊張していたAだが、両親が涙し謝る場面もあり、安堵の思いもあったのかAも目に涙をため暫くすると表情も明るくなった。職員は離れていた期間を取り戻せるようにAのアルバムを見せるなどして本児の様子を細かく伝えた。面会後お互いの感想を確認した上で、担当福祉司と協議を行い継続的な交流の実施を確認した。

　その後は施設内での交流を繰り返し、外出交流へとステップを踏んでいっ

た。昼食やおやつの時間を意図的に取り、団欒の時間を持てるようにした。時には近場の散歩に職員も同行し親子の関わり方を把握し、少しでも家族の距離が縮まる様に努めた。本児のペースで過ごしてくれたこと、定期的に必ず交流をしてくれたことでＡの両親に対する安心感もでてきて「楽しかった、また会いたい。」と職員に語り家族の話題も増えていった。

　子どもの晴れの舞台である運動会や学芸会、授業参観等の学校行事にも積極的な参加を促した。両親を見つけると嬉しそうに手を振るＡの姿があり、また運動会では朝早くからお弁当を準備してくれた母や精一杯応援する父の姿が印象的であった。交流の中で逆に私たちの知らないＡの幼少期の思い出や出生の話題、命名の理由など、両親の想いを教えて頂くことで、私達と両親の信頼関係も少しずつ築けていった。「幼少期の子育ても悩みに悩みながらやっていました。」と笑って話す母であったが、地域の中で孤立した子育てをしていたことが伺えた。

　帰泊が実施できるように職員と児童福祉司と共に家庭訪問を行った際、母の思いを聴くことができた。「Ａはびっくりする程成長していた。あの子は純粋であり良く成長している。最初は接するのが怖かったけど大丈夫だった。以前は、娘と母として接するのが怖かったが、私と遊びたいのが今は一番であり、遊んであげると喜び、私もとても楽しかった。ゆっくりでもいいと思うが、怖くてもＡと向き合っていかなければならない。自分がどう進むべきか悩んでしまう。」といつもは明るい母が、少し涙ぐみながら真剣に話す姿に母自身の子育てに対する自信の無さや精神的な弱さが垣間見られた。また、対人恐怖にも悩んでおり、母の安定が何より大事であること、精神科への定期的な通院を促した。職員は、繰り返しＡと両親の想いを相互に返していくで、互いの思いが理解できる様に努めた。

　再度児童福祉司による双方への家庭復帰の意思の確認が行われ、面会や帰泊を定期的に継続してこられたこと、家族関係の良好さもあり家庭復帰を目指し

ていくことが決まった。帰泊回数を最大限に増やし、帰泊時には宿題を持た
せ、楽しいだけの交流ではなく日常生活を意識した生活を提案した。帰泊後も
お互いの感想を聞きとり、児童福祉司とも共有を行なった。夏休みには長期帰
泊を実施、Aには家の中で自分ができることを試してみるよう伝え、母からは
関わり方について具体的な相談を受けた。生活の悩みや経済的な悩みを打ち明
けられた際には、具体的な家計への助言や受けられる制度の説明を行うなどし
た。「一緒に生活してこなかったのでまだまだ十分にわからないことが多くて」
と、普段から真面目で丁寧な母だったが、その都度素直に抱えた悩みを相談し
てくれたことはとてもありがたいことであった。

　帰泊中は入所前の様な不安定な母の姿はないと話していたAだが、ある日
両親の喧嘩を目にすることがあったと担当職員への相談があった。よく相談が
できたことを伝え、福祉司や職員から両親への喚起を促すこととなった。担当
職員よりAには地域生活になった時は、担任の先生や福祉司に相談して欲し
いと思っていることを伝えた。相談するとまた家族がバラバラになるかなと心
配になるかもしれないが、みんなはAの応援団、沢山の支援者がいることを
伝えるとAも「うん」と安心した表情を浮かべていた。

　夏休みを利用した長期帰泊後、Aが家庭復帰する地域における第一回要保護
児童地域対策協議会個別ケース会議（以下、関係者会議）が開催された。児童
相談所の担当児童福祉司、担当心理司、子ども家庭支援センターの担当職員、
学校の先生、地域の児童民生委員、保健所の担当職員が集まり情報共有を行な
った。施設職員からもAの特性、強みや課題と家族の状況を説明。協議が行
われ、家庭復帰を目指していくことが確認された。各機関の役割分担等を確認
し、まずは家族との顔合わせを行い、他機関による支援が実施できるよう検討
をした。Aがスムーズに転校できるよう事前の見学など学校との連携を行うこ
と、また母の承諾の下、病院への定期通院にも保健師が同行させてもらうこと
になった。この後、母の不定期だった精神科医への通院が定期的になり、主治

医にも現在の状況を良く相談できる様になった。

　冬休みの長期帰泊後、第 2 回の関係者会議を実施し、具体的な地域生活のサポートを確認、以前はサポートを拒んでいた母も本児の養育のためであればと関係機関を快く受け入れてくれる姿があった。A に対しては、母の了解のもと福祉司より病気の説明や特性を伝え、A の理解を促した。また両親の喧嘩は本人のせいではないことやその際の対応方法についても細かく伝えた。

　年明け、A に転校不安が出てきたため担当職員より話をした。A は誰とでも仲良くできること、分からないことがあれば施設で職員に相談できていた様に勉強もわからない時には先生に相談すれば良いこと、本児が我慢して我慢して諦めてしまわないか心配していること「教えて」「分からない」と軽い気持ちで言えるようになると良いことを伝えると「そうなの？」と驚いた表情を浮かべていた。A はやった分だけ力にできる、音読もかけ算も頑張ってきた、負けず嫌いな気持ちも良いこと、困った時には周りの人に頼ることを励ましながら伝えると「うん」と良い表情で納得した様子であった。

　施設退所までの期間に A の心配のひとつひとつに担当職員が丁寧に向き合い、両親にはこれまでの歩みの評価、具体的な対応ができていることを伝え励ますことを繰り返した。母とは転校や転居、学童クラブの手続きの相談にのった。書類の書き方がわからない場合には一緒に記入を行ない、時には市役所への相談も一緒に行なった。無事に退所日を迎えたが、ここからが地域生活の再出発であった。施設としてもアフターケアとして定期的な電話での様子伺いや家庭訪問を行い、地域と家族の橋渡しになれる様に努めている。A も笑顔で「新しいお友達ができたよ」と話をしてくれ、家庭内でも学習に取り組めている様子であった。

（3）考察

　A はこの 4 年間生活に不安を抱えずに過ごせたことで、子どもらしさを取り

戻していった。思いを言葉にする作業を繰り返すことで本児自身にも力がついてきたが、家庭復帰後の生活の中で抱えた悩みをどこまで打ち明けることができるかは課題の一つである。また、母が支援を受け入れ多様な機関が連携し子育ての支援体制を整えられたことがこのケースの最大の成果であった。どの機関がどの役割を果たしサポートしていくのか具体的な情報の共有と確認が重要となるが、関係者会議の実施により複数の機関によるネットワーク的な支援が可能となった。必要な時に母が相談しやすい体制が今後も継続していけると良い。一方、就労している父とはなかなか話す機会が取れず、関係を築くことが難しかった。本来であれば、就労継続の支援や依存症に対するサポートが出来ると良かった。施設を退所した家族の中には、再度の引き上げを恐れて問題が起きているにも関わらず相談ができない方もおり、家族が再度孤立しない継続的な支援が必要である。行政の枠にとらわれない対応ができることも児童養護施設の強みである。ニーズがある限り退所児童や保護者からの相談には丁寧に対応していきたい。

　2018年（平成30）年度全国の児童相談所への虐待相談件数は15万件に上り、過去最多を毎年更新している。施設入所者数は件数全体の３％に過ぎないが、裏を返せば重度の虐待や改善の見通しがたちにくい深刻なケースの入所が多いということになる。近年、発達障がいや医療的なケアが必要な児童、精神的な問題を抱える児童、被虐待による愛着形成の難しい児童など多様な問題を抱えている児童の割合が多くなり、ひとりひとりの特性に合った対応が必要になってきている。一方、家族もまた複雑な問題を抱えている。Aの家庭の様に入所の主訴は養育困難だが、母の疾病、父の薬物依存、経済的な行き詰まり、家族関係の希薄さ等内在する問題は複数あり同時にその問題が複雑に絡み合っている。家族の問題のしわ寄せが最も弱い子どもに向き、児童虐待に発展するケースも多々ある。家族の問題は当事者だけでは解決が難しいこともあるが、第三者が介入することもまた難しい。しかし、もはや社会現象とも言うべき虐

待相談件数や養育困難家庭の増加は決して当事者だけの問題ではなく、私達の問題、社会の問題として捉える必要がある。当事者でない私達ができることは非力かもしれないが、ひとりひとりの抱える悩みに今後も寄り添った支援をしていきたい。

【引用文献】

社会的福祉六法 2013　ミネルヴァ書房。

【参考資料】

みんなの力で防ごう児童虐待〜虐待相談のあらまし（2019年度版）東京都。

社会的養護の推進に向けて 2019　厚生労働省子ども家庭局家庭福祉課。

6. 子ども虐待の予防と対応

(1) 事例の概要

　A男は小学３年生である。現在、学童保育（以下、「学童」という。）と子どもショートステイ事業（短期入所生活支援）を利用している。子どもショートステイ事業（以下、「ショートステイ」という。）は４歳の時からの利用である。小学２年生の時、学校や学童で教師（指導員）や児童への暴力・暴言が多く、遅刻・欠席もあり、授業にも参加できていないことが続いた。そのことで、学校や学童からは連日のように子ども家庭支援センター（以下「子家セン」という。）に相談の連絡が入っていた。

　同居家族は母親と叔母の３人で、非課税世帯である。母親はA男を未婚で出産、相手の男性は所在不明で、A男への認知がされてない。母親の仕事は不定期で、精神疾患を患っている。妹の叔母も仕事は不安定で、母親と同じく精神疾患を患っている。しかし、二人とも通院は行っていない。

　母方祖父母ともすでに亡くなっている。祖父は祖母へのDV、母親と叔母への身体的虐待をくりかえし、離婚。離婚後も祖母宅・母宅の近くで生活をし、家族との交流はあった。A男が３歳の時、A男に対して体にあざができるほどの暴力をふるった。A男が通っていた保育園が虐待通告を行い、児童相談所が介入した。児童相談所の介入で、祖父の暴力以外にも、母親がA男の養育をしっかり行うことができず、十分なごはんの提供をしていないことや、A男一人を残し、母親と叔母が夜間外出していることなどが判明し、A男が一時保護されたことがあった。

　一時保護解除後、関係者会議が開かれた。関係者会議では、児童相談所、保育所、子家センが定期的に情報共有を行うこと、また、A男への虐待予防の一環として、ショートステイの利用を母親に勧めていくことが確認された。

　以下、A男のショートステイ利用時の様子を中心に、関係機関によるA男へ

の虐待予防とその対応を見ていきたい。尚、Ａ男が利用しているショートステイは、児童養護施設に併設されている。

(2) 支援の実際

　Ａ男が４歳の時、関係者会議の方針に従い、子家センの相談員が母親にショートステイの利用を勧めた。利用要件は母親の育児疲れをサポートするため（これをレスパイトという）であった。当初、母親はショートステイの利用にあまり乗り気でなかった。しかし、子ども家庭支援センターとの面談を通じて、とりあえず利用をしてみようと考えるようになった。実際の利用になると、毎月、ひと月の利用日数の上限である７日間すべての日数の予約を入れるようになった。しかし、利用手続きの日になっても手続きに来ないことや突然のキャンセルになることが数か月に１回の割合で起こった。このような時は、Ａ男は保育所も休んでいることと重なっていることが多かった。こちらから連絡をいれても、連絡がつかない。そのため、保育所やショートステイの担当者から、子家センに連絡を入れた。連絡をうけた子家センの相談員は家庭訪問をし、家族の様子を確認した。母親が精神的に不調になり、家にこもりがちになっていること、叔母がそれを放置していることで、Ａ男の登園が行われてないことが判明した。子家センの相談員が一緒になって、ショートステイの手続きを再度するなどし、Ａ男のショートステイの利用につなげ、母へのレスパイトを実施し、虐待予防につとめた。また、ショートステイの利用時に保育所への送迎をショートステイの担当者が行い、Ａ男の保育所の利用を促進した。

　小学校に上がったＡ男は、小学２年生頃から荒れた姿を見せるようになった。学校では、椅子に座って授業を受けることができない。クラスメイトと連日トラブルを起こし、相手を怪我させてしまう。突然、学校を抜け出す。わざと廊下に放尿する。学校側は母親に連絡をし、面談を試みるが、母親は電話に出ず、面談を行うことができない。

　また、学童でも、友達とトラブルを起こしたり、指導員の指示に従わず、指導員に対して悪態をつく姿が連日見られるようになった。

　このような情報は随時、学校や学童から子家センに報告され、子家センから関係機関に情報共有が図られた。

　ショートステイの利用前にも、子家センから、学校や学童でのＡ男や母親の様子があらかじめ伝えられた。この情報をもとに、ショートステイ利用前の手続きでは母親やＡ男と面談をし、家庭や学校でのＡ男の様子の確認を行い、スムーズにショートステイが利用できるようにした。

　ショートステイ利用時においても、他の利用児童や職員への暴言が目立つようになった。その都度、職員が今は人を傷つける言葉であること、そのような言動はしてはいけないことをＡ男に話した。話をされると逆にもっとひどい暴言が返ってくることが繰り返された。そのような時は、他の利用児童とは別の部屋で遊ぶようにさせ、クールダウンを図った。Ａ男が落ち着いたところで、先ほどの言動はやってはいけないと振り返りをした。落ち着いたら素直になり、やらないように頑張る、と言った。このような繰り返しの中で、ショートステイでは一定の傾向がみえてきた。一人でのショートステイ利用の時は、暴言などが少ない。しかし、複数の利用児童がいる時、特に、Ａ男の遊びなどを邪魔する利用児童（Ａ男より年下の幼児の場合が多い）への暴言が激しく、また、手もでる傾向がある。

　そのような中で夏休みに関係者会議が開催された。学校、学童、ショートステイでのＡ男の様子や母親の様子が改めて情報共有された。そしてＡ男の様子把握などを目的として、今まで以上に積極的にショートステイを利用させる方針になった。母親への働きかけは、子家センとショートステイ実施施設が行うことになった。また、Ａ男を児童精神科に通院させる方針となり、母親への具体的なアプローチは学校のスクールソーシャルワーカーが行うことになった。

　その後のショートステイ利用時でのことである。グラウンドで遊んでいる児

童養護施設に入所している子ども達を見て、Ａ男は、その子たちはどうして施設にいるのかと職員に質問をした。職員は、パパはママと一緒に暮らせない事情がある、例えば、パパやママが病気だったり、死んじゃった子もいるよ、と答えた。するとＡ男は「ぼくは虐待されている」という。母親ではなく、一緒に暮らしている叔母に布団たたきでたたかれる。「ほらここ」と手の甲を見せてくれる。ほんのりと傷のような痕があるが、はっきりしない。手を出すことは１回でなく、そのことを母親も知っている。そのため、母親と叔母との関係も今はよくない、とＡ男は言う。職員は直ちに上司に報告した。上司も一緒にＡ男の手の甲を確認する。ほんのりとした傷がみられたため、写真を撮る。そのうえで、子家センに報告をした。その日のうちに、子家センの相談員がショートステイ利用をしているＡ男を訪問する。しかし、Ａ男は叔母からたたかれたことなど具体的なことは話さなかった。

　その後、子家センの相談員は、母親宅を訪問したが不在。何度か母親に電話連絡をし、つながった。母親に、叔母がＡ男に対して、布団たたきでたたいたりしていないか？と質問をする。母親からは、そのようなことを目の前でみたことはない、との返事が返ってくる。ただ、Ａ男からゲーム機を落とした時、叔母がＡ男の手を軽くたたいたといってきたことがあると言う。しかし、物でたたくのはみたこともないし、聞いたこともない、傷はないと言う。相談員は、母親から叔母に、軽くでも手を出すと虐待になってしまうことを伝えてほしいと依頼する。

　また、先の関係者会議の方針に従い、スクールソーシャルワーカーが家庭訪問をした。Ａ男の学校の様子を母親に伝え、精神科の受診を勧めた。しかし、母親の反応はあまりよくなかった。その後もＡ男は登校しぶりや、学校や学童で、友達をたたく、授業を抜け出すなど荒れた行動が続く。学校が母親に連絡をしても、つながらないことがほとんどである。そのため、学校の副校長やスクールソーシャルワーカーが家庭訪問を繰りかえした。やっと母親と会うこと

ができ、学校の状況をつたえ、精神科受診の承諾を得た。しかし、通院予約を
いれても、当日母親が来ないことが何回か繰り返された。その都度、スクール
ソーシャルワーカーは母親に連絡をし、通院の必要性を話し、予約をいれなお
した。3回目にやって通院することができた。病院の初診には母親とA男にス
クールソーシャルワーカーも付き添い、医師から薬の処方がされた。

　精神科通院をするようになって、3か月ぶりのショートステイの利用が行わ
れた。A男はこれまでと違い、とても落ち着いていた。精神科通院で処方され
た薬を毎日変わらず飲むようになった。また、学年が変わり、学校側の配慮
で、A男が慕っていた教員が担任になった。その後毎月、ショートステイの利
用が行われた。前年度の姿とは違って、A男は学校でもショートステイでも落
ち着いた姿が見られるようになった。ショートステイ利用の際にはその日によ
って利用する子どもが違う。そのため、テンションがあがってしまったり、ト
ラブルになったりすることもあるが、以前のように物に当たったり、暴力、暴
言はなくなった。

　ある日のショートステイ利用日のことである。その日はA男ととても馬の合
う男の子が先にショートステイを終える日であった。A男はその子に「俺の宝
物は友達、でも学校では友達できない。せっかく友達できたのに、お別れする
と思うと涙が出てくる」「家では一人ゲームをしているだけで寂しい時もある」
「バイバイするとき、ハグしような」と言い、その子とハグをしてお別れをす
る。その子もまた、A男に会いたいと答えていた。また、このようなことも言
っていた。「ショート来たいけど、利用料が問題で来れないかも・・・」。

　その後のA男の状態は、学校でも、ショートステイでも落ち着いた時や暴
言、暴力がでて、周りを困らせる時など、さまざまは姿をだしていた。A男が
不安定な姿をだしているときは、関係機関で情報共有を行った。母親は相変わ
らずであり、夜、不在にすることも多々あることが分かった。叔母がいるた
め、A男一人で夜間放置されていることはない。しかし、A男から叔母に虐待

されていると学校や学童の職員に言ってくることがあった。その都度、子家センの相談員が状況確認を行うが、まだ、確証を得るところまでにいっていない。さらに、学校や学童で暴れる時は、母がA男の精神科通院を行わず、薬の服用がされていない時と重なることが判明した。その都度、子家センやスクールソーシャルワーカーが、病院側と連絡を取り、母親に通院を促す取り組みを行った。A男が学校を休み勝ちになっているため、ショートステイ利用時には学校に通うことを条件として、ショートステイの利用を認める方針に変更した。

　現在、A男は毎月定期的にショートステイを利用している。ショートステイの利用を通じて、A男の学習権の保証、母親のレスパイト、A男が虐待を受けていないかの見守りを継続している。

（3）考察

　この事例では、A男と母親にかかわるすべての関係機関（児童相談所、子家セン、精神科、学校、学童保育、ショートステイ）が日頃から情報共有をしっかりと行った。また、節目節目で、関係者会議を開き、方針の確認とそれぞれの関係機関が果たすべき役割の確認を行い、それぞれの関係機関が方針に従って取り組みを行ってきた。

　また、虐待が疑われる場合は、直ちに子家センに報告をし、虐待有無の調査（本人や親への聞き取り）と親への助言・指導などを子家センが行った。

　それらの対応が、A男への虐待の予防につながっていったと考えられる。

　また、虐待の予防は、母親への支援（ショートステイを使ってのレスパイト、関係機関が家庭訪問をし、母とA男への状況把握等）と本人への支援（通院による服薬、ショートステイの利用等）の両方が有機的に機能することで効果があがったと考えられる。

　さらに、このケースのように、それぞれの関係機関を束ね、ケースの進行管

理を行う役割を子家センが果たしたように、いずれかの機関がケースの進行管
理を行う役割を担うことが重要である。

7．多様なニーズを抱える家庭の理解と支援
―母子生活支援施設における母子への支援の考え方と方法―

（1）社会的養護施設（母子生活支援施設）の状況

　母子生活支援施設は、児童福祉法第38条により「配偶者のない女子又はこれに準ずる事情にある女子及びその者の監護すべき児童を入所させて、これらの者を保護するとともに、これらの自立の促進のためにその生活を支援し、あわせて退所した者について相談その他の援助を行うことを目的とする施設とする」と定められた児童福祉施設である。

　母子生活支援施設は現在全国に227施設あり、（稼働中施設のみ　全国母子生活施設協議会編2017　以下全母協）3,288世帯が入所しており、子どもは5,437人が生活している。入所理由の内訳は、夫などの暴力が全入所者の52.3％、住宅事情が18.3％、入所前の家庭環境の不適切が9.7％、経済事情が12.5％、及びその他になっている。また、何らかの障害のある母親が入所している施設の割合は81.0％で、入所している母の3人に1人は障害を抱えており、1施設平均では5.6人である。（各種手帳の保有者と障害の可能性のある母と施設職員が手帳の取得可能性があると判断した数含む）さらに、障害の内訳は、精神障害が64.3％、知的障害が25.3％を占めている。

（2）母子生活支援施設に入所した子ども

　A子の母親は入所の時に「この子は、私の気持ちがとてもよくわかってくれるんです」と言った。事前情報では、小5のA子は不登校気味であると聞いていた。入所時に小学生以上の子どもには母親に同席してもらい、施設での生活について一緒に聞いてもらう。その時に職員は子どもに「子どもの仕事は何かな？」と聞く。するとだいたい「勉強すること、遊ぶこと、学校に行くことかな」と言うことが多い。その話を受けて「これまで小さなから

だでお母さんのことをいっぱい考えてきてくれたんだね。ありがとう。でも
ね、これからは、お母さんの心配は大人がするからね。病気で無ければ元気
に学校に行こうね」と母親と子どもに話す。

　入所する子どもは、暴力被害を身近に見せられている（いわゆる面前DV）、
または自分自身も被害者であることが多い。心身ともに傷ついた母をどうする
こともできずたじろぎ、涙する母親を見つめてきた。子どもは母親の「小さな
ケアラー」となっている。だから、「今日はお母さん調子が悪いから、自分が
そばにいてあげたほうがいいかな」と無意識に思ってしまう。不登校の要因は
様々だが、家庭環境に起因している場合、入所時のこの話で学校に行き始める
子どもは多い。

　社会的養護施設（児童養護施設や母子生活支援施設等）で生活している子ど
もたちは、「子ども時代が短い」と言われることがある。それは、地域で生活
していた時に、DVを目撃したり、子ども自身が虐待を受けていたり、子ども
が子どもではいられない生活をしていたからである。母子生活支援施設での子
どもの生活は、子どもが子どもらしさを取り戻す過程である。

（3）子どもへのかかわり
「子どもらしさとは」

　通常子どもらしさと聞かれると「小さい、可愛い、元気」などが連想される
が、支援場面ではもう少し広い表現方法になる。「ぐずる、怒る、へそまげる、
素直でない、かんしゃくをおこす、子ども同士トラブルになる」などである。
そういうことが施設内の子ども同士の生活で垣間見られる。また、逆に表現し
ない、できない子どももいる。感情の表出を家族の環境のなかで押し殺してし
まうのである。

　施設内学童保育で、小5の女の子のBは、周囲の子どもたちとトラブル

が多かった。他児の細かいことを指摘しては文句を言っていたからである。

　Bには、小学 1 年生の妹が一人いた。母親は、暴力被害を受けていて、夫から妻への、ののしりや支配に長年苦しんできた。長女であるBは、母から父への愚痴や怒りを聞かされていた。Bは、友人関係で特に男の子に厳しかった。「なんでこんなことできないの。だから男はきらい」と。時には、職員に対してもきつい言葉を浴びせることもあった。母はBにかなりの家事の分担をさせていた。姉妹がそれをきちんとしないことで母子関係もぎくしゃくしていた。職員は、Bは料理が好きだということでBの家事負担を減らすことも兼ねて、居室に入り一緒に料理を作った。夏に学童保育のキャンプがあり、その職員と一緒にキャンプで頑張った他の子どもたちを誉めるために手作りのメダルを作った。最後に、みんなからBに感謝のメダルが渡された。

　入所時母親に「今までたいへんな生活をしてきたので、少しゆっくりしてください。子どもは一緒に育てましょう」と話す。まず職員は、ひたすら「ケアワーク」に徹する。乳幼児の保育をする、学童保育で子どもとたくさん遊ぶ。子どもたちは、必ず家で保育室のことや学童保育のことを話している。そこで「○○職員と遊んだよ」、「○○さんにこんなことしてもらったよ」と母親に話している。子どもが職員に肯定的な表現をしているなら、母親も「子どもが好きな職員はいい職員」という評価をするだろう。

　発達には段階があるという。養育者からの絶対的な安全・安心感を得られてから徐々にその段階を進んでいく。DV の目撃や虐待的な環境の中では、子どもは甘えや援助を養育者から得られない時期が生じる。また、虐待的な環境から否応なく学ばされてしまった「暴力性」、「攻撃性」などは、「普通」の環境下で発現する。西澤（1997）は、「不適切な環境に『健康的な適応』を示したことにより『問題』が生じた」と述べている。子ども間のトラブルは、そのことに介入するチャンスである。毎日のケアワークによって、職員の言葉が、子

どもの心に声が届くようになる。時々職員は、子どもの「いやだ、あっちい
け」などの言葉にひるみ、たじろぐことがある。しかし、これらの言葉は、子
ども自身が大人に振り回されてきた歴史である。この言葉を聞いたら、「子ど
もの心に入ってきていいんだよ。あなたに私の心に入ってきてもらいたいん
だ」というメッセージであり、子どもから大人へのそれは「切符」であると考
えている。

（4）入所した母親の見方（母親観）

　暴力被害で入所する母親は、「3つの傷つき」があると考えている。それは、
①DVによる傷付き、②母自身がきちんと育てられていないということ、③子
どもを産み、離婚したこと等母に向けられた社会一般の「自己責任論」であ
る。まず、母親をどう認識していくかが支援の鍵になる。入所した母親は、ま
だ、成長途中であるということ、発達課題を抱えた母親という認識をもって支
援をしていくことが支援者として必要である。まず母親が職員に頼ることを覚
える。依存の上に自立があるということ、甘えを助長するわけではないという
ことを認識していく。自立の意味の取り違えはしないことが肝要である。また
DV被害者は自己決定することを剥奪されてきた経緯がある。そのため小さな
ことから自分で決めていくことを経験していく。施設での生活の中では、安心
して失敗できることを受容することが大切である。そして、母親の「幸せ感
（自己肯定感）」をあげていくことが、母が子どもへ向かう気持ちを醸成するこ
とにつながると考えている。

　「どうかわいがっていいか分からないんです」と4歳の子を持つ母親が言
う。この母親は原家族からの虐待経験と自身が子どもの時に施設生活を経験
している。子どもが母親にほめられたくて、お手伝いをしたり、工作をみせ
たり、自分のできたことを言いにきたりするけど、母親はいつもそっけない
反応をしていた。職員が「もう少しほめてあげたら？」と言った時に発した

のが先の言葉である。そのことがあってから職員は、母親をほめることを始めた。子どもにご飯を食べさせたり、保育園に送ること、掃除をすることなど当たり前のことをほめた。また子どもに注意をする時は、母親の前で職員が行い、その後職員が見ているところで母親にやってもらい、最後は職員がいないときにおこなったことを報告してもらった。そして子どもが素直になったら、抱きしめてあげることも教えた。

(5) 役割と機能に分けて考える

福島（2019）は、ソーシャルワーカー等による家族の支援について、「筆者は、家族の構成員間で分担するべきさまざまなものごとを、『役割』と『機能』に分けることを推奨している。（中略）例えば、子どもたちが十分な食事を与えられず、入浴も滅多にしないような家族がいるとする。社会は『母親・父親が役割を果たしていない』と判定しがちである。ソーシャルワーカー等は、まず、社会がその家族の親世代に期待する『役割』を把握する。そのうえで、実際に母親や父親がそれらの『機能』を満たすための時間と力（経済的、能力的、技術的、物理的）を有するかをアセスメントする。親世代がこれらの『機能』を満たすことが難しければ、必要に応じてサービスの利用や、サポートを受けられるよう支援をしていく。またスキルの習得不足が課題であればそれらを習得できるよう支援する」と述べている。

入所時「何かお手伝いしてほしいことはありますか」と聞くと、「冷蔵庫のものを腐らせてしまうんです。それを何とか……」と言った。2歳の子をもつ暴力被害を受けてきた母親である。一般的に施設では、入所1か月は自由に生活してもらう。その中でお金の使い方や、子どもとの関わり方などを観察する。時々母親に了解をもらい冷蔵庫の中を見せてもらった。そして担当職員と母親で買い物に一緒に行った。するといわゆる常備菜(ジャガイモ、玉ねぎ、ニンジンなど)を毎回買うのである。冷蔵庫は常備菜で一杯に

なった。それを消費することができず冷蔵庫の野菜は腐っていった。そこで
メニューを一緒に考えることにした。一緒に料理をすることを繰り返してい
くうちに、買ってきた野菜を一週間で消費できるようになった。

　支援者はともすると（特に施設職員は利用者と密着しているので生活がよく
わかってしまう）、家の中が「ゴミ屋敷」になっていたり、子どもの学校の教
材が整っていないと、母親がきちんとその役割を担っていないと思ってしま
い、「衛生観念のない母親、だらしない母親」と烙印を押しがちである。上の
例は、「冷蔵庫のものを腐らせてしまう」という「事象」をどのように理解し、
アセスメントをする中でその理由を一つひとつ解き明かしながら支援した事例
である。

（6）原家族との葛藤

　母親はわりと裕福な家庭に育ち、高校卒業後専門学校に入りそこを卒業し
ていた。ひとりの幼児をもつ母親である。会話の応答にとても時間がかか
り、ひとつの質問に言葉が返ってくるまで当初 10 分もかかるような状況だ
った。発達上のかたよりがあるように思われた。それでも担当職員は粘り強
く関わった。実家での生活は、実母が、そんなレスポンスに時間のかかる母
親にこまごまと干渉して、様々なことを決めてきた。ある時施設の心理職員
が、母親に施設生活について聞いた。母親は「新鮮」と答えた。この意味を
心理職員と考えた。今までの親子の生活は実母に握られていた。この言葉
は、幼な子との生活を母親自身で決められることを表現したのではないかと
考えた。退所の時に、実母は母親に実家の近くに住むように強烈にアプロー
チしてきた。母親は電話でたどたどしい言葉で「子どもと一緒に二人で住
む。実家のそばにはいかない」と話した。母親の実母との精神的な決別の瞬
間だった。

　上記の母子の入所を依頼してきた市の意向は、「母子で地域での生活が可能かみてほしい」というものだった。当初母子だけでの生活が可能かどうかは懐疑的であった。それは子どもの体調の変化に適切に母親が対応できない、元々話が得意でない母親との生活で、子どもの発語が遅れているなどがあったためである。担当職員はその状況ではあったが、子どもの体調についての変化があった時は、例えば、体温を測る、鼻水が出ていないか、食欲はどうか、便の状態はどうかなど、対応するための助言を丁寧におこなった。さらに一番大きな壁は、実母との関係だった。実母は母親のことを何もできない、小学生くらいの子どもと考えていた。ほとんどのことを実母が決めてきた生い立ちの中で、母親は、自分で決める経験はほとんどなかったように思われる。しかし、少しずつ自分で決める練習をすることで自信をつけてきた。その自信が実母への「宣言」につながったのではないか。

(7)「忘れられない過去」をつくる

　母子生活支援施設の生活の意味は、何だろうか。様々な理由で入所した母子が、生活の中でまずは安全・安心な生活をすること。子どもは、子どもらしさを、母親は、自尊心を回復し、母子間の良くなかった循環を良い循環にしていくことであると考える。

　　小学生の時に2年間生活していた子どもが、中学生になって施設に戻ってきた。「施設の思い出は何かな」と聞いた。すると、「餃子をお母さんと作ったこと」と答えた。詳しく聞いてみると、たった一回だけ家族で餃子を手作りしたのだというのである。

　入所前の家族の餃子は、たぶん冷凍やお惣菜だったのではないだろうか。そして、いま施設を退所して地域で生活しているが、餃子は前のように冷凍やお惣菜になっていると思われる。なぜ、入所中だけ母親は餃子を子どもと手作り

することができたかということである。施設では様々な支援を行っている。例えば、乳幼児保育、病児・病後児保育、学童保育、離婚の調停・裁判などの法的支援、その他日常的な相談支援など多岐にわたる。それらの支援の中で母親は、少しだけ心に余裕ができたのではないだろうか。私たちは、「お母さんを幸せにすることで、子どもにおすそ分けが行く」と考えている。その「おすそわけ」が餃子ではないのか。家族のきずなとは、思い出の数であると言われることがある。施設での生活は、多くの「忘れられない過去」を作る過程である。

（8）「重要な他者」

母子生活支援施設の職員の存在とはなんであろうか。子どもにとって職員は、学校の先生と親との中間的な存在とでもいえるだろうか。母親にとってはどんな存在か。時には羽目を外す母親に職員はたしなめたり、不注意で子どもを危険にさらしてしまった時には、きちんと話したりしなければならない。怒りを職員にぶつけてくる母親もいる。しばらく職員と口をきかない母親もいる。退所の時に母親に施設生活の感想を聞く時がある。「私が間違った時にちゃんと叱ってくれた。その時は反発したけど、今は感謝している。悲しい時一緒にただ泣いてくれた。うれしかった」と話した。暴力被害で傷ついた母親や、原家族からよい愛着関係取り結べなかった母親が多い。そのような母親が施設と出会い、人として育ちなおす場である。職員は所詮他人である。しかし、「重要な他者」でありたいと願っている。

【参考文献】

（1） 福島喜代子「社会福祉における家族システムの理解とソーシャルワーカー等

による支援のポイント」『月間福祉』102(6)、2019 年 20-27 頁。

(2)　西澤哲「子どもの虐待——子どもと家族への治療的アプローチ——」誠信書房 1997 年。

(3)　全国母子生活支援施設協議会編『平成 28 年度全国母子生活支援施設実態調査報告書』社会福祉法人全国社会福祉協議会 2017 年。

第7章　子育て家庭に対する支援体制

1．子育て家庭の福祉を図る社会的資源

　社会的資源には児童相談所や保育所といった行政や社会福祉法人等が行うフォーマルなものと地域の人々による子育てサークルのようなインフォーマルなものとがあるが、ここではフォーマルな社会的資源について述べていくこととする。

（1）児童相談所

　児童相談所とは、「市町村と適切な役割分担・連携を図りつつ、子どもに関する家庭その他からの相談に応じ、子どもが有する問題又は子どもの真のニーズ、子どもの置かれた環境の状況等を的確に捉え、個々の子どもや家庭に最も効果的な援助を行い、もって子どもの福祉を図るとともに、その権利を擁護すること（以下、「相談援助活動」という。）を主たる目的」とし、都道府県、指定都市及び児童相談所設置市に設置される行政機関である。また、「児童相談所における相談援助活動は、すべての子どもが心身ともに健やかに育ち、その持てる力を最大限に発揮することができるよう子ども及びその家庭等を援助することを目的とし、児童福祉の理念及び児童育成の責任の原理に基づき行われる」とされ、児童相談所は、「この目的を達成するために、基本的に次の3つの条件を満たしている必要がある」とされている。具体的な3つの条件とは①児童福祉に関する高い専門性を有していること、②地域住民に浸透した機関であること、③児童福祉に関する機関、施設等との連携が十分に図られていることである。

　従来、児童相談所はあらゆる児童家庭相談について対応することとされてきたが、「近年、児童虐待相談等の急増により、緊急かつより高度な専門的対応が求められる一方で、育児不安等を背景に、身近な子育て相談ニーズも増大しており、こうした幅広い相談全てを児童相談所のみが受け止めることは必ずしも効率的ではなく、市町村をはじめ多様な機関によるきめ細やかな対応」が求められている状況を踏まえ、2004（平成16）年児童福祉法改正法により、2005（平成17）年4月から、「児童家庭相談に応じることを市町村の業務として法律上明確にし、住民に身近な市町村において、虐待の未然防止・早期発見を中心に積極的な取組みを求めつつ、都道府県等（児童相談所）の役割を、専門的な知識及び技術を必要とする事例への対応や市町村の後方支援に重点化し、さらに保護者に対する指導に家庭裁判所が関与する仕組みを導入するなど司法関与の強化を行う等の措置を講じ、児童家庭相談に関わる主体を増加させるとともに、その役割を明確化することにより、全体として地域における児童家庭相談体制の充実を図ること」とされた。

　具体的には、市町村が次に掲げる業務を行うこととされ、①子ども及び妊産婦の福祉に関し、必要な実情の把握に努めること、②子ども及び妊産婦の福祉に関し、必要な情報の提供を行うこと、③子ども及び妊産婦の福祉に関し、家庭その他からの相談に応じ、必要な調査及び指導を行うこと並びにこれらに付随する業務を行うこと、これに対し、児童相談所は子どもの福祉に関し、①子どもに関する家庭その他からの相談のうち、専門的な知識及び技術を必要とするものに応ずること、②子ども及びその家庭につき、必要な調査並びに医学的、心理学的、教育学的、社会学的及び精神保健上の判定を行うこと、③子ども及びその保護者に調査又は判定に基づいて必要な指導を行うこと、④子どもの一時保護を行うことを主な業務としている。

(2) 保育所

　保育所とは、「保育を必要とする乳児・幼児を日々保護者の下から通わせて保育を行うことを目的とする施設」とされている。また、保育所は「保育を必要とする子どもの保育を行い、その健全な心身の発達を図ることを目的とする児童福祉施設であり、入所する子どもの最善の利益を考慮し、その福祉を積極的に増進することに最もふさわしい生活の場でなければならない」とされている。さらに保育所は以下のような特色を備えている。保育所は、「その目的を達成するために、保育に関する専門性を有する職員が、家庭との緊密な連携の下に、子どもの状況や発達過程を踏まえ、保育所における環境を通して、養護及び教育を一体的に行うことを特性としている」こと、「入所する子どもを保育するとともに、家庭や地域の様々な社会資源との連携を図りながら、入所する子どもの保護者に対する支援及び地域の子育て家庭に対する支援等を行う役割を担うものである」こと、保育士は「保育所の役割及び機能が適切に発揮されるように、倫理観に裏付けられた専門的知識、技術及び判断をもって、子どもを保育するとともに、子どもの保護者に対する保育に関する指導を行うものであり、その職責を遂行するための専門性の向上に絶えず努めなければならない」ことである。

(3) 幼保連携型認定こども園

　幼保連携型認定こども園とは、「義務教育及びその後の教育の基礎を培うものとしての満三歳以上の幼児に対する教育及び保育を必要とする乳児・幼児に対する保育を一体的に行い、これらの乳児又は幼児の健やかな成長が図られるよう適当な環境を与えて、その心身の発達を助長することを目的とする施設」をいう。

　また、幼稚園が「幼稚園教育要領に従って編成された教育課程に基づく教育を行うほか、当該教育のための時間の終了後、当該幼稚園に在籍している子ど

ものうち保育を必要とする子どもに該当する者に対する教育を行うこと」また
保育所等が「保育を必要とする子どもに対する保育を行うほか、当該保育を必
要とする子ども以外の満三歳以上の子どもを保育し、かつ、満三歳以上の子ど
もに対し学校教育法第二十三条各号に掲げる目標が達成されるよう保育を行う
こと」等の要件を満たすことにより都道府県知事の認可を得ることにより設置
される。

(4) 地域子育て支援拠点事業

　地域子育て支援拠点事業とは、「少子化や核家族化の進行、地域社会の変化
など、子どもや子育てをめぐる環境が大きく変化する中で、家庭や地域におけ
る子育て機能の低下や子育て中の親の孤独感や不安感の増大等に対応するた
め、地域において子育て親子の交流等を促進する子育て支援拠点の設置を推進
することにより、地域の子育て支援機能の充実を図り、子育ての不安感等を緩
和し、子どもの健やかな育ちを支援することを目的」として、「乳幼児及びそ
の保護者が相互の交流を行う場所を開設し、子育てについての相談、情報の提
供、助言その他の援助を行う事業」をいう。

　その主な事業内容は、①子育て親子の交流の場の提供と交流の促進、②子育
て等に関する相談、援助の実施、③地域の子育て関連情報の提供、④子育て及
び子育て支援に関する講習等の実施である。

　また、その実施方法には一般型と連携型とがあり一般型では公共施設の空き
スペースやマンションの一室、保育所等に常設の拠点を設け行い、連携型では
児童館等の児童福祉施設に親子が集う場を設け取り組みを実施する。一般型、
連携型とも実施主体は市町村であるが、社会福祉法人やNPO法人等に委託し
ても構わないとされている。

(5) 利用者支援事業

　利用者支援事業とは、「一人一人の子どもが健やかに成長することができる地域社会の実現に寄与するため、子ども及びその保護者等、または妊娠している方がその選択に基づき、教育・保育・保健その他の子育て支援を円滑に利用できるよう、必要な支援を行うことを目的」に、「子ども又はその保護者の身近な場所で、教育・保育・保健その他の子育て支援の情報提供及び必要に応じ相談・助言等を行うとともに、関係機関との連絡調整等を実施する事業」である。

　実施の方法には、基本型、特定型、母子保健型の３つの方法がある。①基本型は、「子ども及びその保護者等が、教育・保育施設や地域の子育て支援事業等を円滑に利用できるよう、身近な場所において、当事者目線の寄り添い型の支援を実施する」ことを目的に「利用者の個別ニーズを把握し、それに基づいて情報の集約・提供、相談、利用支援等を行うことにより、教育・保育施設や地域の子育て支援事業等を円滑に利用できるよう実施する」ともに「教育・保育施設や地域の子育て支援事業等を提供している関係機関との連絡・調整、連携、協働の体制づくりを行うとともに、地域の子育て資源の育成、地域課題の発見・共有、地域で必要な社会資源の開発等に努め」ている。②特定型は、「待機児童の解消等を図るため、行政が地域連携の機能を果たすことを前提に主として保育に関する施設や事業を円滑に利用できるよう支援を実施する」ことを目的とし、「主として地域における保育所等の保育の利用に向けた相談支援について実施」している。③母子保健型は、「妊娠期から子育て期にわたるまでの母子保健や育児に関する様々な悩み等に円滑に対応するため、保健師等が専門的な見地から相談支援等を実施し、妊娠期から子育て期にわたるまでの切れ目ない支援体制を構築する」ことを目的に「母子保健や育児に関する妊産婦等からの様々な相談に応じ、その状況を継続的に把握し、支援を必要とする者が利用できる母子保健サービス等の情報提供を行うとともに、関係機関と協

力して支援プランの策定」などを行っている。

(6) 乳児家庭全戸訪問事業（こんにちは赤ちゃん事業）

　乳児家庭全戸訪問事業とは、「生後4か月までの乳児のいるすべての家庭を訪問し、様々な不安や悩みを聞き、子育て支援に関する情報提供等を行うとともに、親子の心身の状況や養育環境等の把握や助言を行い、支援が必要な家庭に対しては適切なサービス提供につなげる。このようにして、乳児のいる家庭と地域社会をつなぐ最初の機会とすることにより、乳児家庭の孤立化を防ぎ、乳児の健全な育成環境の確保を図ること」を目的にした事業である。また、その実施主体は市町村である。

(7) 養育支援訪問事業

　養育支援訪問事業とは、「育児ストレス、産後うつ病、育児ノイローゼ等の問題によって、子育てに対して不安や孤立感等を抱える家庭や、様々な原因で養育支援が必要となっている家庭に対して、子育て経験者等による育児・家事の援助又は保健師等による具体的な養育に関する指導助言等を訪問により実施することにより、個々の家庭の抱える養育上の諸問題の解決、軽減を図る」事業である。具体的には、「産褥期の母子に対する育児支援や簡単な家事等の援助」、「未熟児や多胎児等に対する育児支援・栄養指導」、「養育者に対する身体的・精神的不調状態に対する相談・指導」や「若年の養育者に対する育児相談・指導」、「児童が児童養護施設等を退所後にアフターケアを必要とする家庭等に対する養育相談・支援」等である。

(8) ファミリーサポートセンター

　ファミリーサポートセンターとは、「地域において育児や介護の援助を受けたい人と行いたい人が会員となり、育児や介護について助け合う会員組織」を

いう。ファミリーサポートセンター事業は「働く人々の仕事と子育てまたは介護の両立を支援する目的から、労働省（当時）が構想し」、「現在では育児のサポートの対象は、子を持つすべての家庭」に拡充している。また、ファミリーサポートセンターの設立運営は市区町村が行うこととなっている。

　ファミリーサポートセンターが保育園の送迎等援助を受けたい会員と子育てをしている人の援助を行いたい会員とのマッチングをする仕組みがとられている。

(9) 放課後児童クラブ

　放課後児童クラブ（放課後児童健全育成事業）とは、「保護者が労働等により昼間家庭にいない小学校に就学している児童に対し、授業の終了後等に小学校の余裕教室や児童館等を利用して適切な遊び及び生活の場を与えて、その健全な育成を図るもの」である。

　設置・運営主体は市町村や社会福祉法人等であり、設置場所は学校の余裕教室、学校敷地内専用施設、児童館などである。また、その事業内容は「放課後児童の健康管理、安全確保、情緒の安定」、「遊びの活動への意欲と態度の形成」、「遊びを通しての自主性、社会性、創造性を培うこと」、「放課後児童の遊びの活動状況の把握と家庭への連絡」、「家庭や地域での遊びの環境づくりへの支援」、「その他放課後児童の健全育成上必要な活動」である。

(10) 児童館

　児童館とは、「児童厚生施設の一つで児童に健全な遊びを与えて、その健康を増進し、又は情操をゆたかにすることを目的とする児童福祉施設」である。また、「遊びを通じての集団的・個別的指導、健康の増進、放課後児童の育成・指導、母親クラブ等の地域組織活動の育成・助長、年長児童の育成・指導、子育て家庭への相談等」を行っている。

　設置主体は大型の児童館は都道府県となり、児童センターや小型児童館は市町村や社会福祉法人等が設置主体となる。また、どの児童館も0歳から18歳までのすべての児童を対象としているが、小型児童館は低学年や留守家庭児童、大型児童センターは年長児童を優先するなど規模や特色により差がみられる。

（11）児童委員・民生委員

　民生委員とは、「厚生労働大臣から委嘱され、それぞれの地域において、常に住民の立場に立って相談に応じ、必要な援助を行い、社会福祉の増進」に努め、「児童委員」を兼ねている。また、児童委員は、「地域の子どもたちが元気に安心して暮らせるように、子どもたちを見守り、子育ての不安や妊娠中の心

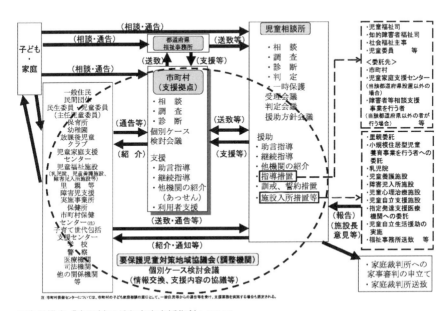

厚生労働省「市町村子ども家庭支援指針」2017

図7-1　子ども家庭支援の系統図

配ごとなどの相談支援等を行う。また一部の児童委員の児童委員は児童に関することを専門的に担当する「主任児童委員」の指名を受けている。

　児童委員・民生委員は民生委員法により、職務遂行に当たって個人の人格を尊重し、平等な取扱いを行うことや規定職務上の地位を政治的に利用することは禁止されている。

　ここまで子ども家庭支援に係る社会的資源について見てきたが、これらの施設の関係性についてまとめたものが図 7-1 である。

2．子育て支援施策・次世代育成支援施策の推進

(1) 次世代育成支援施策の推進

　わが国では 1989（昭和 64）年の統計において出生率が 1.57 となったことを受け、このまま出生率の低下が続けば、社会保障費の現役世代の負担の増大等の影響が懸念されたことにより、「今後の子育て支援のための施策の基本的方向について」いわゆるエンゼルプランを策定した。この中で少子化対策について「子育てをめぐる環境が厳しさを増しつつある中で、少子化傾向が今後とも続き、子ども自身に与える影響や将来の少子化による社会経済への影響が一層深刻化」すると考えられ、「子育て支援を企業や地域社会を含め社会全体として取り組むべき課題と位置付けるとともに、将来を見据え今後概ね 10 年間を目途として取り組むべき」であるとされた。

　そのうえでエンゼルプランでは、次の 5 点を基本的方向と定めている。まず、①「子育てと仕事の両立支援の推進」として、「育児休業制度の充実や労働時間の短縮の推進をはじめ労働者が子育てをしながら安心して働くことができる雇用環境を整備する」こと「低年齢児保育の拡充など保育サービスの整備を図るとともに保育所制度の改善・見直しを含めた保育システムの多様化・弾力化を進める」こと。つぎに、②「家庭における子育て支援」として、「子育ては家庭の持つ重要な機能であることに鑑み、その機能が損なわれないよう、

エンゼルプラン重要施策

（1）仕事と育児との両立のための雇用環境の整備

[1] 育児休業給付の実施など育児休業を気兼ねなくとることのできる環境整備

雇用保険制度による育児休業給付を着実に実施する。また、事業主等に対し育児休業に関する相談・指導や円滑な職場復帰のための指導・援助を行う。

[2] 事業所内託児施設の設置促進など子育てしながら働き続けることのできる環境整備

育児期間中の勤務時間の短縮等の措置の普及を進めるとともに、従業員向けに事業所内託児施設の設置や育児費用の経済的支援を行う事業主に対し援助を行うことにより、事業主による育児支援措置への自主的取組みを促進する。また、保育サービス等に関する地域の具体的な情報を提供するほか、育児相互援助活動への支援、両立支援施設の設置等地域における支援体制の整備を進める。さらに、仕事と育児との両立に必要な相談・指導・講習等を実施する。

[3] 育児のために退職した者の再就職の支援

再雇用制度の普及を促進するとともに、再就職希望者に対し、職業情報の提供や自己啓発への援助、多様な就業ニーズに合った講習や職業訓練などを実施する。

[4] 労働時間の短縮等の推進

間総労働時間1800時間を実現するため、週40時間労働制の実現に向けた対策の推進、所定外労働削減に向けた啓発指導、及び年次有給休暇の完全取得に向けた労使の自主的な取組みの促進を図る。また、働きながら子育てのできる条件整備を図る観点から、フレックスタイム制等の弾力的な労働時間制度の普及促進を図る。

（2）多様な保育サービスの充実

[1] 保育システムの多様化・弾力化の促進

保育所制度の改善・見直しを含めた保育システムの多様化・弾力化を進める。その際、駅型保育、在宅保育サービス等の育成・振興を図る。

[2] 低年齢児保育、延長保育、一時的保育事業の拡充

ア．低年齢児受け入れ枠の拡大

育児休業制度の定着、女性就労の増加等に伴い入所希望が増大すると見込まれる0歳児から2歳児までの低年齢児について、入所を必要とする低年齢児を保育所に受け入れられるようにする。

イ．延長保育の拡充

通常の保育時間（おおむね午後6時まで）を超えて保育時間の延長を行う保育所を誰でも利用できるよう都市部を中心として普及整備する。

ウ．一時的保育事業の拡充

母親が病気の時に緊急に児童を預けたり、仕事の都合で一時的な保育が必要なときに利用できるための一時的保育事業を普及整備する。

[3] 保育所の多機能化のための整備

延長保育、乳児保育、相談指導等の多様なサービスを提供するため、保母配置の充実等を図る。また、保育所が、地域子育て支援の中心的な機能を果たし、乳児保育、相談指導、子育てサークル支援等の多様なニーズに対応できるよう施設・設備の整備を図る。

[4] 放課後児童対策の充実

昼間保護者のいない家庭の小学生（主に1年から3年）を対象に、児童館、児童センターや実情に応じ学校の余裕教室などにおいて、健全育成を行う放課後児童クラブを身近に利用できるようにする。

（3）安心して子どもを生み育てることができる母子保健医療体制の充実

[1] 地域における母子保健医療体制の整備

妊婦や乳幼児の健康診査、新生児訪問指導等や保健指導等の母子保健サービスを住民に身近な市町村で一貫して受けられるようにする等、母子保健医療体制の整備を進める。また、周産期、新生児の医療の充実のための施設・設備の整備を

推進する。

[2] 乳幼児健康支援デイサービス事業の推進

病気回復時の乳幼児で、保護者による家庭での育児が困難な児童が身近にデイサービスを受けられるよう乳幼児健康支援デイサービス事業を推進する。

（4）住宅及び生活環境の整備

[1] 良質なファミリー向けの住宅の供給

特定優良賃貸住宅、公団賃貸住宅等公的賃貸住宅の供給、住宅金融公庫融資等による良質なファミリー向け民間賃貸住宅の供給及び良質な持家の取得に向け積極的な誘導を図るなど、より質の高い住宅ストックの形成を促進する。また、公共賃貸住宅における世帯人員等に応じた住替えの促進を図る。

[2] 子育てと仕事の両立、家族のだんらんのためのゆとりある住生活の実現

子育てと仕事の両立及び家族のだんらんのための時間のとれる住生活の実現を図るため、職住近接を目指した都心居住を推進するとともに、住む・働くなどの多機能を有するニュータウンの建設を促進する。また、新たな住宅団地の開発や既成市街地の再開発に当たっては、保育所等の計画的立地を推進する。

[3] 子どもの遊び場、安全な生活環境等の整備

公園、水辺空間などの身近な遊び等の場、家族が自然の中ですごせるオートキャンプ場、市民農園、自転車道等の整備を推進する。また、ベビーカー、自転車等の安全を確保するための幅の広い歩道、コミュニティ道路、通学路等安全な生活環境の整備を推進する。

（5）ゆとりある学校教育の推進と学校外活動・家庭教育の充実

[1] ゆとりある学校教育の推進

新学習指導要領の趣旨の徹底などによる教育内容・方法の改善・充実、豊かな教育環境の整備、入学者選抜方法の改善等による受験競争の緩和などの施策を着実に推進することにより、ゆとりある学校教育の確保に努める。

[2] 体験的活動機会の提供等による学校外活動の充実

子どもが心身の調和のとれた成人となるために必要な生活体験・活動体験を豊かにするため、文化・スポーツ・社会参加・自然体験等の体験的活動の機会を提供する事業の充実、青少年教育施設の整備等により、学校外活動の充実を図る。

[3] 子育てに関する相談体制の整備等による家庭教育の充実

親が安心して子どもを生み育てるための家庭教育の充実を図るため、家庭教育に関する学習機会の提供、相談体制の整備や情報提供及び父親の家庭教育への参加促進等により、家庭教育に関する環境整備を行うとともに、幼稚園における教育相談や各種講座の開催など、幼稚園を核とした子育て支援事業を推進する。

（6）子育てに伴う経済的負担の軽減

幼稚園就園奨励費事業の推進を図ることなどにより、幼稚園児の保護者の経済的負担の軽減を図る。また、授業料等を含めた学生生活費の上昇などに対応して、育英奨学事業の充実を図るとともに、修学上の経済的負担の軽減等に資するため、私学助成の推進を図る。乳児や多子世帯の保育料を軽減するとともに、共働きの中間所得層の負担軽減等の保育料負担の公平化を図る。さらに、経済的負担の軽減の観点から、税制上の措置や児童手当、年金等の社会保障制度等を含め子育てコストへの社会的支援の在り方について検討する。

（7）子育て支援のための基盤整備

[1] 地域子育て支援センターの整備

子育て中の夫婦が身近に育児相談に出向き、保育サービスの情報提供、地域の子育てサークルへの参加などが可能となるよう、子育てネットワークの中心として保育所等に地域子育て支援センターを整備する。

[2] 地方自治体における取組み

都道府県及び市町村において、国の方針に対応し、計画的な子育て支援策の推進を図るなど地域の特性に応じた施策を推進するための基盤整備を進める。

「今後の子育て支援のためのための施策の基本的方向について」（エンゼルプラン）1994年より

新エンゼルプランの概要

主な内容
　1．保育サービス等子育て支援サービスの充実
　(1) 低年齢児（0～2歳）の保育所受入れの拡大
　(2) 多様な需要に応える保育サービスの推進
　　　・延長保育、休日保育の推進等
　(3) 在宅児も含めた子育て支援の推進
　　　・地域子育て支援センター、一時保育、ファミリー・サポート・センター等の推進
　(4) 放課後児童クラブの推進
　2．仕事と子育ての両立のための雇用環境の整備
　(1) 育児休業を取りやすく、職場復帰をしやすい環境の整備
　　　・育児休業制度の充実に向けた検討、育児休業給付の給付水準の40％への引上げ(現行25％)、
　　　　育児休業取得者の代替要員確保及び原職等復帰を行う事業主に対する助成制度の創設等
　(2) 子育てをしながら働き続けることのできる環境の整備
　　　・短時間勤務制度等の拡充や子どもの看護のための休暇制度の検討等
　(3) 出産・子育てのために退職した者に対する再就職の支援
　　　・再就職希望登録者支援事業の整備
　3．働き方についての固定的な性別役割分業や職場優先の企業風土の是正
　(1) 固定的な性別役割分業の是正
　(2) 職場優先の企業風土の是正
　4．母子保健医療体制の整備
　　　・国立成育医療センター（仮称）、周産期医療ネットワークの整備等
　5．地域で子どもを育てる教育環境の整備
　(1) 体験活動等の情報提供及び機会と場の充実
　　　・子どもセンターの全国展開等
　(2) 地域における家庭教育を支援する子育て支援ネットワークの整備
　　　・家庭教育24時間電話相談の推進等
　(3) 学校において子どもが地域の人々と交流し、様々な社会環境に触れられるような機会の充実
　(4) 幼稚園における地域の幼児教育センターとしての機能等の充実
　6．子どもたちがのびのび育つ教育環境の実現
　(1) 学習指導要領等の改訂
　(2) 平成14年度から完全学校週5日制を一斉に実施
　(3) 高等学校教育の改革及び中高一貫教育の推進
　　　・総合学科、中高一貫教育校等の設置促進
　(4) 子育ての意義や喜びを学習できる環境の整備
　(5) 問題行動へ適切に対応するための対策の推進
　　　・「心の教室」カウンセリング・ルームの整備、スクールカウンセラー等の配置
　7．教育に伴う経済的負担の軽減
　(1) 育英奨学事業の拡充
　(2) 幼稚園就園奨励事業等の充実
　8．住まいづくりやまちづくりによる子育ての支援
　(1) ゆとりある住生活の実現
　(2) 仕事や社会活動をしながら子育てしやすい環境の整備
　(3) 安全な生活環境や遊び場の確保

重点的に推進すべき少子化対策の具体的実施計画について（新エンゼルプラン）1999年より

夫婦で家事・育児を分担するような男女共同参画社会をつくりあげていくための環境づくりなど含め、家庭生活における子育て支援策を強化する」こと。また、「核家族化の進行に伴い、育児の孤立感や不安感を招くことにならないよう、安心して出産できる母子保健医療体制を整備するとともに、児童委員等のボランティアの協力のもとに地域子育てネットワークづくりを推進する」こと。

　さらに、③「子育てのための住宅及び生活環境の整備」として「ゆとりをもって子どもを生み育てることができるよう、良質な住宅の供給及び住替えの促進等により、ライフサイクルに応じた住宅の確保が容易にできるようにするとともに、家族のだんらんのあるゆとりある住生活を実現する」こと。

　また、④「ゆとりある教育の実現と健全育成の推進」として「子育て家庭の子育てに伴う心理的な負担を軽減するため、ゆとりある教育を実現する。また、青少年団体の諸活動、文化・スポーツ活動等の推進による多様な生活・文化体験の機会の提供、子ども同士や高齢者との地域社会におけるふれあい、ボランティア体験などを通じて子どもが豊かな人間性を育めるような家庭や社会の環境づくりを推進する」こと。最後に⑤「子育てコストの軽減」として「子育てに伴う家計の負担の軽減を図るとともに、社会全体としてどのような支援方策を講じていくか検討する」ことである。

　エンゼルプランでは、これらの基本的方向を受けて以下の施策を行っていくことが重要であるとしている。このエンゼルプランの重点施策についてまとめて整理しておいた。

　また、これらの重点施策について具体的な目標が示されたものが 1999 年に策定された「重点的に推進すべき少子化対策の具体的実施計画について」（新エンゼルプラン）である。なお、これらの内容についてまとめたものが以下である。

　このように少子化対策としてうち出した施策によって保育所の受け入れ児童

数等、改善されたものもあったものの少子化が改善されることはなかった。また、事業主や国、地方自治体といった社会全体で子育てを支えていくことを目的とした「エンゼルプラン」「新エンゼルプラン」等の少子化対策でも十分な効果が得られなかったことから、次世代育成支援という考え方を取り入れた新しい施策を取ることとなった。この次世代育成支援の中心となるのが次世代育成支援であり、次世代育成支援対策推進法では、「次世代育成支援対策は、保護者が子育てについての第一義的な責任を有するという基本的認識の下に、家庭その他の場において、子育ての意義についての理解が深められ、かつ、子育てに伴う喜びが実感されるように配慮して行われなければならない」との基本理念の下、国に対し「地方公共団体及び事業主が行動計画を策定するに当たって拠るべき指針を策定すること」、地方公共団体に対し「地域における子育て支援、親子の健康の確保、教育環境の整備、子育て家庭に適した居住環境の確

厚生労働省「令和2年版厚生労働白書」2020

図7-2　次世代育成支援施策の概要

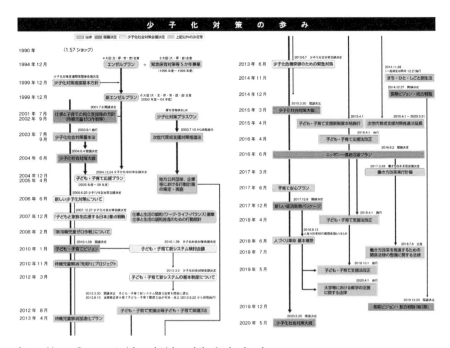

https://www8.cao.go.jp/shoushi/shoushika/index.html

図7-3　内閣府「これまでの国の取り組み」

保、仕事と家庭の両立等について、目標、目標達成のために講ずる措置の内容
等を記載した行動計画を策定すること」、また事業主には従業員や職員の仕事
と家庭の両立が図れるよう行動計画の策定を求めている。この次世代育成支援
対策推進法についてまとめたものが、図7-2である。

　また、わが国で行われてきた少子化対策の経緯をまとめたものが、図7-5
である。

（2）子育て支援施策の推進

　子育て支援において大きな役割を担う機関は保育所となるが、景気の後退や
女性の社会進出等の要因から保育所の需要は高まり保育所への入所児童数は増

えていくこととなった。そのため、保育所に入りたくても入所できない待機児童の増加が問題となった。この待機児童問題を解消するために新エンゼルプラン以降、設置主体の制限撤廃、不動産の自己保有制限の緩和といった規制緩和を行うことで対応を図ってきた。その後も待機児童ゼロ作戦で幼稚園の預かり保育を利用するなどして待機児童の減少を図ったが問題を解消するほどの効果は見られなかった。

　そこで、子育てを社会全体で支える新たな仕組みとして子ども子育て支援新制度が設けられた。この制度は税と社会保障の一体改革の一環として設けられており恒久的な財源が確保されたことで子育て支援に対しさらなる効果を発揮することが期待されている。この子ども子育て支援新制度の大きな特徴が、保育所に限定されていた保育サービスに対する給付を認定こども園や幼稚園、地

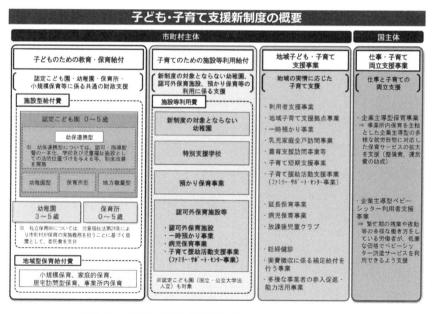

図7-4　内閣府　子育て支援新制度について　2020年2月

域型保育といわれる家庭的保育（保育ママ）、小規模保育、事業所内保育、訪問型保育まで拡充したことである。これにより事業者は財政的な支援を受けられることとなった。

　また、利用者に対してもこれまでは昼間の就労についていることが保育サービスを受ける要件となっていたが夜間やパートタイムの就労などすべての就労で受けられることになったほか求職活動や就学も要件となるなどこれまでよりも保育サービスを受けやすくなったことが挙げられる。なお、この子ども子育て支援新制度をまとめたものが、図7-4である。

【文献】

（1）大津泰子著　児童家庭福祉　ミネルヴァ書房　2019 年。

（2）倉石哲也・大竹智編著　子ども家庭支援　ミネルヴァ書房　2020 年。

（3）井村圭壮・今井慶宗編著　保育実践と家庭支援論　勁草書房　2016 年。

（4）厚生労働統計協会　国民の福祉と介護の動向 2019/2020　2019 年。

（5）厚生労働省「児童相談所運営指針」。

（6）厚生労働省雇用均等・児童家庭局長「地域子育て支援拠点事業の実施について」2020 年。

（7）厚生労働省「利用者支援事業の実施について」2020 年。

（8）厚生労働省「乳児家庭全戸訪問事業（こんにちは赤ちゃん事業）の概要」

（9）https://www.mhlw.go.jp/bunya/kodomo/kosodate12/01.html。
　　厚生労働省「養育支援訪問事業の概要」。

（10）https://www.mhlw.go.jp/bunya/kodomo/kosodate09/。
　　一般財団法人 女性労働協会　http://www.jaaww.or.jp/index.php。

（11）厚生労働省「放課後児童健全育成事業について」。
　　https://www.mhlw.go.jp/stf/seisakunitsuite/bunya/0000027098.html。

（12）厚生労働省「児童館について」。

　　　https://www.mhlw.go.jp/bunya/kodomo/jidoukan.html。

（13）厚生労働省　リーフレット「民生委員・児童委員ってどんな人？」。

■ 執筆者紹介

第1・2章	大塚良一（佛教大学教授）編者
第3章	吉田博之（東京成徳短期大学教授）
第4章	浅川茂実（群馬医療福祉大学教授）
第5章	米山岳廣（武蔵野大学名誉教授）編者
執筆協力	中原章江（フェロー第二保育園園長）
	船津秋子（子ども発達プラザホエール主任保育士）
第6章 2	島本一男（諏訪保育園園長）
2	内山大樹（オリーブみらい塾長）
3・4	菅原幸次郎（子ども発達プラザホエール元施設長）
5	内山せかい（こどものうち八栄寮ソーシャルワーカー）
6	大村正樹（こどものうち八栄寮施設長）
7	横井義広（リフレここのえ施設長）
第7章	米山純（八王子保育専門学院学院長）

子ども・家庭・子育て支援論

● ●

2022年10月30日　初版発行

●

編著者　大塚良一
　　　　米山岳廣
発行者　鈴木康一

●

発行所　株式会社　文化書房博文社
〒112-0015　東京都文京区目白台1-9-9
電話　03-3947-2034　　振替　00180-9-86955
URL http://user.net-web.ne.jp/bunka/index.asp

●

印刷・製本　シナノ印刷株式会社

●

ISBN978-4-8301-1327-7　C1036

乱丁・落丁本はお取替えいたします。